大林宣彦

ぼくの映画人生

実業之日本社

実業之日本社文庫

ぼくの映画人生

大林宣彦

目次

――第二部　二十一世紀への序奏――

プロローグ

眠っていた山彦が目覚めて
美しい日本が戻りはじめた

キャメラが山を向いてしまう

二十一世紀になって、『なごり雪』を撮っているころから、キャメラを持つとキャメラが山を向きはじめたのです。なぜか山を撮りたくなる。

それまでぼくは海を見てずっと育ってきて、死ぬときも海に船を浮かべて、「素っ裸で魚釣って食いながら死ねればいいな」と思っていたので、キャメラを持てば、その向こうにあるのは当然海です。『なごり雪』は、大分県の臼杵《うすき》という町を舞台として撮った作品で、この町は瀬戸内海の入り口にあって、いわゆる港町です。そのあと撮った『22才の別れ』は、臼杵の隣の町、津久見《つくみ》を舞台としたのですが、この町だって海辺の町です。なのに海を映したくならなくて、キャメラが山を向いてしまうので、『なごり雪』など、臼杵の町をまるで山の町のように描いてしまいました。この映画の中では、海は望遠レンズで撮った遠くにしか出てきません。

しかも『なごり雪』のフィルムを持って全国を旅すると、山あいを走って里里を訪ねていくのがとにかく楽しくてならない。山を見ていると、涙が出るくらい嬉しくなってくるのです。

「この気持ちは、なぜなんだい？」

と、私の妻であり、私の映画のプロデューサーでもある恭子《きょうこ》さんに聞いたら、うまいこと答えてくれました。彼女は秋田の山の里を古里としています。

「初めて海に来たとき、私は、開放感いっぱいの明るさにびっくりした。でも海というのは、海辺でみんなが同じほうを向いていても、両手広げて思い思いに自分の遠くを見ている。日本人は開国以来、みんな海彦になって、海外の文明や経済の力をどんどん輸入してきたので、日本はこんなに活性化して、あなたもそれが誇りだったのでしょう。でも山というのは、みんながばらばらなところで暮らしていても、誰もが同じ一つの山を見上げて、手を合わせます。ここには、きっと古来日本人が大切にしてきた『約束』というものがあって、その『約束』を私たちは開国以来忘れすぎていた。日本人はみんな海彦になってしまって、開発だ開発だといって、確かに日本を経済大国、文明大国にしたけれど、山彦を忘れて、日本人としての『約束』を忘れてきたから、日本はこんなにおかしくなったのじゃないかしら。きっとあなたの中に生きている日本人としてのＤＮＡが、いま、眠っていた山彦を目覚めさせて、それで山を撮りたくなったんじゃない？」

そう言われて、非常に深く納得したことがあったのですね。

学生から、「大林先生、清貧って知っていますか？」

二十一世紀になって、映画をとりまく世界もまったく違ってきました。

最大の話題は、ジョージ・ルーカスの引退です。ご存知のとおり彼は大ヒットシリーズの『スター・ウォーズ』や『インディ・ジョーンズ』の監督で、世界で最も商業的に成功した映画製作者の一人です。第六章でやや詳しく述べますが、ぼくが思うに二〇〇一年に同時多発テロ、９・11があり、彼は、『スター・ウォーズ』をやめてこれからは、『スター・ピース』を撮るつもり。なぜならば、現在の映画というものと正直に取り組んでいくと、スティーブン・スピルバーグの「宇宙戦争」になることをぼくらは確かめてしまった。９・11の惨劇は、実は自分たちが引き起こしたと考えたからでしょう。

ぼくが大学の教授をやりだし、映画づくりの授業で学生たちとつき合いはじめたのも、そうした状況、今世紀になってから、9・11以降です。この本の前半第一部、二十世紀の部分を語った十五年前と、違いがずいぶんとあって恐ろしくもあり、おもしろい。

いまの学生たちは、高度経済成長も、バブルも、失われた十年も知らない子供たちで、モノとカネで豊かになった体験がありません。だからそれらがなくなっても貧しいと感じたことがないんです。ちょっと前までの若者と違って、カネがなくても怖くない、なんともない。

そういう時代ですから、学生気質はすっかり変わっています。

たとえば、「先生、セイヒンって知っていますか？」と学生が言うから、まさかものの製品のことではないだろう、

「清らかで貧しいかい？」

「先生知ってるんですか！」

「知ってるも何も、おれたちが君たちのころ、生きる一つの規範だったぜ。お前

はどうして知ったんだい？」

と言うと、このあいだ本でそういう字を見つけて、最初はワープロの変換ミスだと思ったと。そして、

「ぼくはこの言葉はとっても気に入って、清らかで貧しいというのはとってもいいけれど、まさか日本人が、こんな意味の言葉を持っているとは信じられない」

自分の周りにいる親からも先生からも、貧しいことは良くないから富めるようにしなさい、と子供のころからずっと言われてきたから、貧しいということが清らかなことだという発想など思いも寄らなかったけれど、ぼくはこれに感動しました、と言う。それで私が、

「じゃあ、『足るを知る』という言葉もあるぞ」と。

「それは、自分はもう充分足りているのだから、そのことに感謝して生きてくってことだぜ」

「そういう言葉もあるんですか……。ぼくたちは足りない、足りない、足りないから、努力をして頑張って足りるようにしろ、といつも言われています。『足るを知る』はいいですねえ」

つまり親たちから彼らはそういうことを教えられていないけれど、彼らの中の本能が、昔ながらの日本人のＤＮＡに戻っているので、自分から、清貧とか足るを知るという気持ちになっている。

学生たちとの話は、こちらもおもしろいけれど向こうもおもしろいのでしょう。

たとえば、ぼくがいろいろな話をして、

「どうだ、おれの考えは」

と問いかけると、

「先生はどう考えても真面目すぎるように思います。嫌なやつとはつき合わないほうがいいんじゃないですか」とか、「気が合わないやつとは離れているほうが、お互い傷つかないし、お互いに楽だし、そのほうがいいんじゃないですか?」と言うから、

「まあ、処世術としては、それはあるかもしれないけれど、おれたちはものづくりの表現者だろ。表現するということは、人と関わるということだ。関わり合えば傷つき合うけれど、人間は言葉を交わせば、理解し合って、許し合って、愛をおぼえるということだってあるんだぞ」

と話すと突然、学生が涙をこぼしだすんです。私のほうがびっくりして、

「どうしたんだ」と聞くと、

「そういうことを言ってくれる大人に初めて会いました。ぼくたちは大人たちから、『嫌なやつとは近づくな、仲のいい少数の友達どうしでだって考え方が違うなら、できれば一人で生きろ』と、ずっとそう言われてきて、関われという大人がいることを初めて知りました。ぼくも本当はそうしたいんです。本当はそうしたいんですけど、そうすると出世もしないし、不幸になると大人たちに言われてきたから、ぼくも人を避けて暮らしてきました。けれど、避けないでいいんですね！」

「そうだよ！」

授業が終わると子供たち同士が集まり出すので、

「どうしたんだい？」と不思議に思って聞くと、

「いやあ、こいつとは同じクラスでもまともに話をしたことなかったんですよ。考え方違うだろうし、観る映画も読む本も違うし。だけどきょうこれから話し合って、どうして観る映画や本が違うかをとことん語り合ってみようと思うんです。

それで喧嘩になるかもしれないけれど、きっと仲良くなるような気がしだしたんです」

このように子供たちが言いだしています。

子供たちのなかでは、昔の美しい日本人に戻るというＤＮＡが芽生えているのに、周りの大人たちが戻っていないから、まだカネだモノだと執着しているから、子供たちは不安で未来に希望を持てない。あるいはその中で意志の弱い子たちは、じゃあ、大人と同じようにしていればいいのか、ということになってしまう。

だから、そうじゃないんだと言う大人に会うと、子供たちはそれだけで嬉しくなる。それだからぼくは、大学に一所懸命通うことがすごく楽しい。こういうことは、親の世代は言えないけれど、じいちゃんの世代は言えるのですね。

しかもぼくは、モノとカネよりもっと違うものがあるぞ、と言ってずっと生きてきた人間だから、確信を持ってそれを言うわけです。

このあいだも、初めての学校の授業では、教室で寝ている子がいる。当然ぼくは怒ります。

「おい、起きろ！　寝たいんなら、うちに帰ってから寝ろ、おれが話している前で寝るなんて、だいたい無礼千万だぞ、そういう礼儀を保てないやつは、映画なんてつくれないぞ。ここにいるんなら起きて話を聞け。話がつまらないんなら、なぜつまんないかを言え！」

と叱っていると、女の子なんて涙ぐんでいる。

「どうしたんだい、どうしたんだい、そんなにおれ、べつにものすごく怒ってるわけじゃない」と言うと、

「私たちが寝てようと何しようと、いままで出会った先生は自分のことだけ言って帰っていく人ばかりでした。だから、叱ってくれる先生は嬉しいです！　もっと叱ってください」と言うから、

「お前たち、叱られることもないのか？」

「大人は叱りません」

なんということだ。それでほかの先生に、「学生たちが居眠りしていても、あんたたちは叱らないの？」と聞くと、

「いやあ、叱りませんよ、叱るとややこしいことにもなるし、寝てる子は寝てるだけでいいんです。私は私の言いたいことだけ言って帰れば、それで仕事になり

ますから」

と言うから、そりゃあとんでもないやって、今度は教員室で喧嘩してきた。

高度経済成長時代以来、豊かにはなるけれど、叱ることとか、いろいろな大切な日本人の美しさが失われていくことに対して、あきらめていく気持ちが日本人にはあったのです。

子供たちも地方も、「美しい日本人」に戻っている

十年ほど前は、地方に行くと「ここは田舎なので、不便で不自由をおかけします」といって迎えられて、それは謙虚さではなく本当にそう信じておられたのが、このごろ、そういう言葉を聞かない町や村が、ずいぶんと見受けられるようになりました。
「空気がおいしいでしょう、たっぷり深呼吸できるでしょう」と迎えられて、
街灯が乏しいので暗くても、
「星がきれいに見えるでしょう。この町は三十年、五十年、昔とちっとも変わっていないおかげで、どこも目をつぶってでも歩けますよ」と、自慢して嬉しそう

におっしゃる。

以前だったら、暗くて申し訳ないですと言われたところです。開発が進んでいないことに負のイメージの言葉がなくなりました。変わっていないというと、町《まち》興《おこ》しに失敗した落ちこぼれの町で、みんな身をこごめていたのが、いまは違います。日本はいま、どんどん変わってきています。

若い人たちを見ていて私は、「あっ、昔ぼくの知っていたころの日本人だ」と感じる。そういう若者たち子供たちがよみがえってきています。地方の一部でもそうしたことを感じさせる大人たちがいます。けれどもほとんどの大人たち、世の中をリードしている財政界あるいは教育者たちの、この信じられないような惨状をテレビなどで見ていると、まるで犯罪者のような人ばかりにも見えちゃうでしょう！　そのようにして生きるのが当たり前のように思えてきてしまうわけです。

ぼくの少年時代の尾道《おのみち》での至福のときというのは、美しい日本の時代の尾道です。

でも尾道の人がいま、この本の第一部でこれから語る私が少年のころの尾道の話を読むと、「尾道、こんな町じゃないよ、監督、映画のように、勝手にいい話にしちゃったんでしょう」と思うでしょう。

では、まあ少しは映画のように語ってもみますが、ぼくが子供のころのうちのじいさんたちは、モーニングにシルクハットにステッキついて、人力車を引かして、親分のように町を歩いている、まあ大変な王様みたいな人たちです。医者であるじいさんが、人力車のうしろにお米を一合ずつ入れた袋をたくさん積んで、子供のぼくをあるときは乗せて、お米の袋を「薬じゃ、薬じゃあ」と叫んで、人力車の中から貧しい人のところへ投げて回るなんていうこともしたのですから、いまの人の考えからいったら、乱暴な話です。

でも当時は結核が不治の病で、良薬は栄養分、米こそがまさに良薬です。貧乏が病気の元でしたから、うちのじいさんが、当時の言い方で言えば、車夫さんに車引かせて、お米の袋を貧しい人のところへ行って投げて回るのです。

「『医は仁術なり』じゃ。病にかかった人ばかりじゃのおて、みんなを助けることが医者の道じゃ」とじいさんは言います。

「患者さんからもろうたものは、何かの形で世の中にお返しするという考えなのよ」と母もぼくに話してくれながらも、戦争が長引いて、これからは、そういう余裕もなくなってきそうじゃけれども、町でいちばん腹が空いているのは医者でなくてはならないわ……と話していた時代です。

一方で、子供であるぼくにとって、衝撃的なくらいショックであったことは、その王様みたいなじいさんが、狂ったように疾走していた人力車を降りるといきなり病気の人の家にターッと飛びこんでいって、畳も敷いていないような貧乏な家の土間のゴザの上に寝かされている病人を前にして、裸になってふんどし一本で、這いつくばってほっぺたをすりつけて治療している。ふんどしが緩んで、じいちゃんのチンチンがぶらぶらしながら治療している姿というのは、子供心にも感銘を受けました。まさに崇高な姿です。

崇高な姿で感銘を受けているのだけれど、うちに帰ると、「じいちゃんのちんちんがゆらゆらしててね」なんて子供の私が言うものだから、大人たちに「バカなものを見てて」と笑いながら叱られる。

こういうことが、ごく日常的な光景としてあったわけです。

第一部　二十世紀の海彦語る

第一章

ぼくの生い立ち
美しい日本人がいた尾道

汽車と間違えたブリキの活動大写真機

ぼくは広島県の尾道で一九三八年に生まれました。尾道は動物のおっぽ（尻尾）の道といわれるように、地理的に細長い町です。しかも平地はほとんどなくて、海からすぐ山につながる坂の真ん中に、町が滑り落ちそうな形で乗っていて、町を横切るようにして海辺を鉄道が走っています。町は傾斜地にあるわけですから、まるで観覧席のようです。その観覧席にあたる一軒一軒の家のどこからでも海が見え、島が見え、晴れた日には四国が見えるという地形風土の中でぼくは育ちました。

ぼくの生家は父方も母方も六、七代前から続いている医者の家系で、当時は田舎の小さな町の医者の家では、大人になればみんな医者になったものです。父方の男性はみんな名前に「彦」がつき、医者になる。母方の男性も必ず「祥」がつき、これもまた医者になる。娘はみんな医者に嫁ぐというわけで、我が家の家系は親戚を含めてすべて、大人の男はみんな医者、女は医者の奥さんと運命づけられていたのです。

尾道という小さな町では、代々続いた医者の家はいわば町の文化の中心でした。警察の署長と小学校の校長先生とやくざの親分が、いつもふんどし一本でぼくの家の大広間で酒を酌《く》み交《か》わして、天下国家や尾道の町の人びとの暮らしを考えているといったふうで、極めて民主的、人間的な関わりの中で、人びとがそれぞれの立場の幸福を願っていました。人びとの暮らしがいちばん理想的に行われる場所であったといってもいいでしょう。

その当時のやくざの親分というのは、お祭りを仕切ったり、運動会での人の整理とか、庶民のルールの中で庶民の暮らしを取り仕切る立場でありました。警察の署長は法に照らして人びとの幸福を願い、やくざの親分は生活の実際に照らしながら人びとのお世話をした。学校の先生は教育という目的の中で人びとを幸福に導く。医者は人びとの心やからだを治して、健康にして幸福にする。

とにかく町のいろいろなポジションにいる人たちが、自分や周りの人たちをいかに幸福にしていくか、暮らしよくしていくかということに知恵や工夫を凝らしていたという、いってみれば尾道は少年のように純粋、純血な町で、そういう理想の暮らしがあった時代です。

ぼくの家には大きな納戸《なんど》があって、だれが持ってくるのかわからないけれども、そこには町に入ってきたいろいろ珍しいものが、いつのまにかたまっていました。蓄音器《ちくおんき》とか幻燈機《げんとうき》、不思議な時計やオルゴールが入っていて、その納戸の中にもぐり込んで時を過ごすのが、ぼくにとってのいちばんの楽しみでした。

暗くて怖いけれども、暗闇の中でまず最初にぼくの目を引いたのはピアノでした。でもそのときは、それがピアノというものだとは知りません。納戸の中をくぐり抜けていくと、向こうには小さな明かり取りの窓があって、そこからわずかばかりの光が差しています。暗くて怖いから、どうしても光のあるほうへ進んでいくため、自然に奥へ奥へと入っていってしまう。周りには自分の背丈よりも高い箪笥《たんす》とか長持ちが並んでいて、人の顔に見えます。

昔の医者の家は大家族で、ぼくの家も、常時二十人ぐらい、おじいちゃん、おばあちゃんから、おじさん、おばさん、いとこや看護婦さん、お手伝いさんなど入れるともっと多かったかなあ。人の暮らしというのは生きている人のための暮らしでもあるし、死んでいく人たちのための暮らしでもあったので、生き続ける人、生まれてきてこれから生きはじめる人、あるいはまた、死んでいく人たちがいつもそういう中で一緒に暮らしていたのです。

ぼくの家の中にも死んでいく人の部屋があって、当時は結核が不治の病といわれていたころで、その部屋に近づくと「ゴホン、ゴホン」と咳の音がしてきます。肺病がうつるから子供はその部屋には近づいてはいけないといわれて、ぼくの家族だけれども、ほとんど会ったことがない人もいました。子供は好奇心が強いので、その部屋の裏のほうへ行って「ゴホン」と咳の声がすると、これが死んでいくおじさんの声なのかと聞いたりしました。また、仏さんや神棚がある部屋には、死んでしまったひいおじいちゃんやひいおばあちゃんの写真が飾られていて、一人でその部屋に入ると、死んだ人たちがぼくに語りかけてきます。

ですから、納戸の中に入ると、いま生きている人、死んでしまった人、生きていても会えないで死んでいく人、おばちゃんの大きなお腹の中にいるこれから生まれてくる赤ちゃん、そういういろいろな家族が一人ひとりぼくに語りかけてきて、妙に懐かしいけれども、妙に恐ろしい感じもする。それから逃れるようにいちばん奥の明かりのほうへ向かっていこうとすると、家のすぐ下を三分か五分にいっぺんは通る汽車の振動で箪笥や長持ちなどが一斉に揺れ始め、オルゴールが突然回りだしたり、いろいろなものが語りかけてきます。

いちばん奥の明かり取りのところまで行くと、黒いつや光りした大きな不思議なものを発見しました。重いふたを一所懸命持ち上げてみたら、淡い光を浴びた真っ白と真っ黒の積木がズラーッと並んでいる。恐る恐る指を当てて押してみると、白い積木の一つひとつがキシッという音をたてます。

当時は戦争中で、日本はアメリカのような大きい国と戦うためには軍艦や飛行機が足りないので、日本じゅうの家にある金属製品、たとえば金歯とか結婚指輪とか、身の周りにある金属は全部国に供出されました。ぼくの家のピアノの中の弦もなくなって、押すとキシッキシッというだけでしたが、自分で出す音がとてもいとおしかったし、楽しくもありました。この弦のないピアノと会うために一日に一回か二回は必ず納戸へ入っていたのが、ぼくの三歳か四歳ごろのことです。

ピアノと会うための行き帰りには、ときどきは幻燈機や蓄音器に触れて遊びます。

あるとき、汽車のガタコンガタコンという音がして、ふっと見るとそこには蒸気機関車とそっくりなものがあります。それは当時の活動大写真機でした。でもぼくはそれを蒸気機関車のおもちゃだと信じこんでしまったのです。ぼくの子供のころのおもちゃの王様はピアノと、もう一つの世界の王様は汽車でした。

尾道での東の岬は、山陽本線のカーブがいちばんきついところで、恐ろしく急なカーブを回って汽車が町に入ってきます。そこを曲がるときにけたたましく汽笛を鳴らす。当時は線路も人びとの暮らしの中に溶けこんでいて、町の人たちにとって便利で歩きやすい道はなんと線路だったのです。ですから、町の人たちが急いでどこかに行くときはみんな線路の上を歩くのです。汽車と人間が同じ場所で暮らしているのですから、汽車が見通しの悪いカーブの手前までやってくると、危ないということで、ポッポーと汽笛を鳴らす。その汽笛が町じゅうに響いて、ぼくの家にも届きます。その警笛が鳴ると、あっ、汽車が来ると、ぼくは庭に飛び出すけれども、汽車の姿はまだ見えない。

線路の山側も海側も家が立ち並んでいます。家と家の谷間を汽車が走ってくるので、その姿が見える前に、目の前の瓦屋根がカタカタと揺れ始める。町じゅうがその音に包まれると、人間の感性も音に対して敏感になり、沖を行くポンポン蒸気のポンポンという音、あるいは町を走る自転車のチリンチリンという音、それから階段を上るおじさんやおばさんたちの下駄のカランコロンという音、あらゆる音が自分を刺激して楽しくてしようがない。

そのうちに汽車の地鳴りがしてくる、来るぞ来るぞとぼくはドキドキ動悸《どうき》も激しくなり、さあ何かが始まるぞ、楽しいぞと思っていると、いきなり目の前でポッポーという音がはじけます。それは汽車が駅に着くという合図の音で、汽笛と同時に真っ黒い煙がバーッと吹き上げられる。真っ昼間であるにもかかわらず、突然闇夜になって、真っ暗で怖い。石炭の煙の匂いに巻き込まれて気が遠くなる。世の中に地響きと雷が一緒に来たようにからだが縮んで引き裂かれるんじゃないかと、真っ暗闇の中で目を閉じて、「神様、恐ろしいヨ。おとうちゃん、おかあちゃん、怖いヨ」。でも逃げられないすごい衝撃の中にいる。そうすると、汽車がだんだん遠ざかって、音がどんどん向こうへいく。

ああ、よかった、ぼくはまだ生きている。黒い煙もスーッとなくなり、またもとの青い空や白い雲、緑の島やきらめく海、日のよく当たる瓦屋根、みんなよみがえってくるのだけれども、何かが違う。今度はいたたまれなくさびしい。何かが通り過ぎていった寂寥感《せきりょうかん》がぼくの全身をひたしている。町の反対側でまた汽笛がポッポーと鳴って、静かな町になり、ぼくはそのさびしさにどう呼びかけていいかわからないから、「おかあちゃん、お腹がすいたよ」などと言って、急いで家の中に駆け込んでいく——。

そんなに恐ろしいなら行かなければいいと思うのに、汽車が来るたびに飛び出す。汽車がやってきて去っていくまでの時間はわずか三分か五分のことであるのに、その中でぼくは、言葉にはならないけれども、感性として何かが始まるときのときめき、情感、楽しいものがやってくるぞ、それが本当に自分の身の周りに来たときは、楽しんでいるよりはむしろ恐ろしい、自分がこのまま千々に引き裂かれてしまうぐらいの力強いもので、嵐の中に巻き込まれる。

そして、それは必ずある一定の時間が経つと過ぎてしまって、もとどおりになるんだけれども、何かがなくなっていて、妙なさびしさだけが残る。始まりがあれば終わりがあるんだということを学んで、そのどうしようもない魅力にいつも引き寄せられていったのです。

ぼくがかいた絵が動く！　処女作『マヌケ先生』

ぼくが納戸に入っていくことも、汽車に出会うときの恐ろしさを擬似《ぎじ》体験したいわけです。どうも子供というものは恐ろしいものに引き寄せられていく。未知の恐ろしいものに引き寄せられていって、恐ろしいんだけれども、その中に身を置いて、何かを見つけたいという衝動《しょうどう》がきっとあったのでしょう。

ぼくの安らぎである音のしないピアノ、ぼくの恐ろしさと激しさの衝動から逃れられない汽車そっくりのブリキのおもちゃに出会った納戸の中——。ああ、あの汽車があった、煙突もあるし、窓もあるし、蒸気機関車と同じような歯車がいっぱいついていて、妙な突起を手に持って回すと、カタコンカタコンと音がする、汽車の音と同じだ。

あの巨大な恐ろしい汽車が小さなおもちゃになって自分の手に入ったときは、友だちができたようなうれしさを感じて、今度は汽車が来るたびにその蒸気機関車のおもちゃを庭に持ち出して、ぼくも一緒になってカタコンカタコンと——。

そうすると、もう恐ろしさはなくて、あの巨大な汽車とぼくは友達になった感じがしました。

このブリキのおもちゃの横には、よく見ると石炭を入れる丸い罐《かん》があります。当時は、石炭は非常に身近にあって、ぼくが汽車を見下ろしていた庭の下にはもう一つ小さな庭があり、そこは石炭置き場でした。尾道の人たちはお風呂を沸かすのに石炭を使っており、ぼくの家の風呂も汽車と同じで、石炭で沸かしていました。石炭の匂いにはいつも親しんでいたので、丸いブリキの罐をあけて、中に石炭の匂いのするものが入っていたときは、とても驚きました。

それはセルロイドのフィルムだったのですが、石炭だと思って取り出してみると、石炭とは違って何かくるくる巻いたものです。日にかざしてよくよく見ると、均等に線が入っている。これはおもちゃの石炭だから、この線に沿ってはさみで切れば、石炭になるんだな。おや？　おもちゃの蒸気機関車の中にも汽車と同じ釜がある。この釜は映写機の電球を入れるところでしたが、それを釜だと思って、フィルムを切り刻んで入れる。煙突だと思ったところに、おじいちゃんの老眼鏡と同じようなレンズがついているゾ。その煙突を日にかざして、手のひらに当てて遊んでいると、やけどするように熱い。

ハッと気がついて、お釜の中に入れたフィルムに煙突で日を当てると、フィルムのいい匂いがさらに強くなって、ポッと燃え出す。それを石炭が燃えたんだと思う。本物の汽車が来ると、自分の石炭に火を点けて、蒸気機関車から煙を出して、ポッポッポッーと言って遊んでいた時期が一年ぐらい続いたと思います。

そのうちに、この蒸気機関車は車輪がないから走らないし、煙突にもレンズがついているし、石炭だと思って切り刻んでいるものが、よくよく見ると、漫画の本で親しんでいる『のらくろ』や『冒険ダン吉』の絵が印刷してある。どうもこれは蒸気機関車じゃないと思って、おもちゃの入っていたボール紙の箱を取り出すと、そのふたには片仮名で「クワツダウダイシヤシンキ」と書いてあり、図解もしてあります。見ると、お釜だと思うところに電球を入れると、煙突だと思うところから光が出て、石炭に書いてある絵が向こうの壁に映る。

これはそういうおもちゃなのかと思い、ぼくの家ではいちばん暗い、お手伝いのお姉さんたちの部屋にそれを持ち込んで、電球を入れて映したら、部屋のしみだらけの壁にパッと光が映る。さらに、石炭の断片を差し込むと、漫画の本の中の『のらくろ』や『冒険ダン吉』が天地（上下）逆さまでいる。その瞬間にぼくは、あっ、これは汽車の窓から見た景色だ、映し出された形が汽車の窓と同じだし、これはやっぱり汽車のおもちゃだったんだと思ったのです。

当時は汽車に乗るというのは大変な体験で、汽車の窓から見える景色は映画そのもののように思えたのです。自分が座っているにもかかわらず、景色がどんどん動いていく、こんなすばらしい絵本はないから、ぼくたちは当然その中に『のらくろ』や『冒険ダン吉』たちをも見ていたといっていいでしょう。汽車の窓にはぼくのそういう〝物語〟が映し出されていたのです。

部屋の壁に映し出された暗い画面を一所懸命見ているうちに、その絵がビューッ、グニュグニュとゆがんできて、ボッと燃えてしまいます。それがぼくをとても悲しい気持ちにさせるのですが、そのうちに石炭だと思って切り刻んでいたものは、連続してカタカタ回すと動いて見えるんだと気がつきます、ならば、それをもとへ戻さなければなりません。

幸いなことに、一コマずつ切り刻む前にまず二十コマずつぐらいの断片をつくっておいて、その断片を一日一回二十に分けて使っていたため、その二十コマずつぐらいの断片を母親に糸でかがってもらいました。これを活動大写真機で回すと、目の前で『のらくろ』や『冒険ダン吉』が動き出す。ところが、順序も何も関係なくつないだので、本来は別々の物語の主人公であるのに、『のらくろ』がポンと手を出すと、『冒険ダン吉』がひっくり返るところとたまたまつながって、『のらくろ』と『冒険ダン吉』がボクシングをしている。

これはおもしろい、いろんな物語はこうやって組み立てられるんだということを知って、手つかずのフィルムからいろんな物語の主人公たちを切り刻んでは貼り合わせて、自分でストーリーをつくって遊びはじめました。

そうなると、お手伝いさんの部屋の明かりでは足りなくて、自分の子供部屋で映してみても、それでも足りない。当時の日本の家屋の電球は明るくてもだいたい二〇燭光《しょっこう》、お手伝いさんの部屋は一〇燭光で、わが家でいちばん明るいのはおじいさんの部屋の四〇燭光でした。その四〇燭光の電球を入れたときに画面がとても美しく映るので、それから先はそれを借りてきて遊ぶわけです。

そのころ、尾道の町には映画館が九つあったのですが、それまでは映画館に行ったこともなかったので、これがぼくと映画との出会いというか、活動大写真機との最初の出会いだったのです。

そうやって切り刻んだフィルムを、ぼくは映写機にかけるだけでなく、夜寝るときに素っ裸になってからだにクルクルと巻きつけて一緒に寝たりしました。お風呂にもフィルムを体に巻きつけたまま入ると、魔法のランプのようないい匂いがする。いってみればセクシーな匂いで、ぼくにとってのフィルムの匂いは、母親やお手伝いさんのお姉さんやおばちゃんたちの持っている女の人の匂いに近かったのかもしれません。

せっかくお風呂の中でフィルムと楽しく遊んで、からだと一緒に大事なフィルムも拭《ふ》いて、ヒョッと見ると絵が消えてしまっています。『のらくろ』や『冒険ダン吉』がいなくなっている。そのときのぼくの感情は蒸気機関車が去っていったあとのさびしさと同じでした。ぼくの楽しい友だちは結局、いつかはなくなってしまうものだということも、そこで知りました。

絵が消えてさびしいと思って見ているうちに、ここに自分で絵をかいたら、自分の絵が動き出すのではないかと考えて、何もなくなったフィルムにインクでかいてみました。しかし、インクが乾くと絵が薄くなってしまいます。次に墨をすってかいてみると、濃くはなるけれども、にじんで消えていく。色をつけたくなって、怪我をしたときに塗るアカチンキを使ってみたり、目の前にあるいろんなもので試してみました。

子供でしたから、『マヌケ先生』という、丸をかいて棒をひいて、それがシルクハットの帽子で、目があって、鬚《ひげ》をはやして、手があって、足があるというだけのキャラクターが歩いていくと、穴に落っこちて、そこから海に出て泳ぎ出す。それを丹念にかいて、活動大写真機に入れてカタカタと回すと、自分のかいた絵が動くのですから、これは大変な感動でした。

それからは大切な大切なフィルムにプリントされた絵を意図的に消すのですが、そのときの怖さといったらありませんでした。でも、それを消さないと自分の絵がかけないのですから、「ごめんね、悪いね」と、とてもいけないことをしているという罪の意識の中で作業をしました。これは恐ろしい体験でしたが、それにも増して、自分のかいた絵が動くというのは大きなよろこびでした。

そのうちに、何か消すのは怖い、どこかにもっとフィルムがないだろうかと思っているとき、フト、気がついたのは、父親が当時ライカのカメラにフィルムを入れているのを見て、活動写真というのはフィルムに絵をかかなくても映すことができるんだということです。

そこで、恐る恐る父親の大切なカメラを借りて、自分自身がマヌケ先生になってカチャッ、近所の子供にボタンを押してもらってカチャッ、カチャッ……と一コマずつ映して、活動写真機にかけてみたところ――映画の一コマはハーフサイズで、ライカ判は二倍あるから、二倍使って映したので――一コマおきに映し出されるのは頭、足、頭、足と出てくる。それを町の写真屋に持っていって、「これを目に見えるフィルムにしてください」と、つまり現像です。ただし、これは活動写真だから、切ったらいけないと長いままでもらってくる。

三十六コマのフィルムを入れると、七十二コマ撮れるのに、最初はそれを知らないから、ぼくの映画は倍が一コマになっている。これは半分ずつ使わなければならないと気がついて、今度はフィルムを入れるところをあけて、お姉さんに画用紙をきれいに切ってもらい、プレートに入れて、ハーフサイズの一コマが映せるようにしたわけです。

今度は一コマおきに黒が入るけれども、それを抜いて、丁寧に糸でかがって、まがりなりにも自分のフィルムができました。

映画は普通一秒に二十四コマ映るんですが、一秒に二コマか三コマぐらいのスピードでカタカタと回してみます。ところが、フィルムはネガの状態ですから、なぜか顔が真っ黒、黒のモーニングが白くて、黒と白の世界が逆です。子供ながらに、黒いところを白くして、白いところを黒くすればいいんだと気がついて、今度は近所の子供たちを集めて大量に墨汁をすらせ、顔を真っ黒にし、頭の毛は黒板拭きで真っ白にし、眉を白く塗って、病院の白い手術着を小さく縫ってもらい、それを着て出演する。そうすると、白と黒が逆になって、ようやく普通の姿になる。

そんなことをしていたのは小学校いっぱいぐらいです。

少年時代――「がんぼう」と「さびしんぼう」

　ぼくが小学校二年のときに戦争が終わりました。ああ、戦争は終わったんだなあと実感したのは、軍医として戦地に行っていた父親が帰ってきたことと、もう一つはぼくの家のピアノに音が帰ってきたことです。ピアノが来た日のことは忘れられません。ピアノを担いだ四、五人のおじさんと一緒に石段を上ってくると、一段上るたびに担がれたピアノから弦の響き合う幽《かす》かな音がします。うちにあるピアノはそんな音なんてしたことがありません。

　家の中に運び込まれたピアノのふたをあけて、おじさんが「弾いてみるか」と言います。あのキシッという音がするのかなと思いながら鍵盤にふれると、ポーンという音がして、二メートルぐらい飛びのきました。なにしろ、壊れていないピアノの音を初めて聞くわけですからそれは驚きます。みんなが笑った姿をよく覚えています。

そのころのぼくは活動写真と同じように蓄音器のとりこになっていて、音の出るおもちゃとして楽しんでいました。蓄音器にかけるレコードに炭で熱くなっている火箸をジューッとやると、これまた石炭が燃えるのと同じセクシーな匂いがし、煙が出て、レコード盤に穴があいていく。これにも魅せられて、穴をいっぱいあけて遊びました。穴のいっぱいあいたレコードを蓄音器にかけると、ぼくのよく知っている歌がひずんで、いつも聞いている音楽と違ってくる。穴をあける幅によって音楽も変わってくる。そういう遊びもしていたわけです。

レコードのなかではピアノ曲をよく聞いていました。当時大好きだったのはモーツァルトの『トルコマーチ』で、蓄音器から出てくるその音がぼくの家にあるピアノでもするんだということを発見したわけです。当時のぼくにはまだピアノが楽器だという認識がありませんから、この音とこの音を組み合わせると、こういう音のお城ができるんだと、積木を重ねて遊ぶように音を重ねて遊ぶことでピアノと親しんでいました。ですから、そのころぼくがレコードで聞いたいろんなメロディーは、ピアノで音の積木を組み合わせるようにして、弾けるようになったのです。

町の活動小屋に行きはじめたのは小学校ぐらいからで、当時は毎週土曜日の夜、おじいちゃん、おばあちゃんから孫たち、看護婦さん、車夫さんまで、ぞろぞろと活動写真を観に出かけたのです。当時はトーキーの時代でしたが、走って行けるところに九つも映画館があり、フィルムの絶対量が足りないために、昔のサイレント時代の映画から何から何まで全部一緒になって上映され、サイレント映画のときは、紙芝居のおじさんのカメやんが活弁をやっていました。

学校へ行くと、だいたいどこの教室にもオルガンは一台あって、ピアノは講堂にしかありません。講堂にあるピアノの音が聞けるのは一年のうち数えるほどで、ふだんはオルガンの音に親しんでいました。映画館に行っても、お姉さんがオルガンを舞台の脇で弾いていました。そして何より感動したのは、ぼくの家の子供部屋よりもずっと大きな活動写真が映ることでした。これは大変な場所だ、お姉さんがやっている曲も自分で弾いてみたいと思うし、カメやんがやっている声も自分でやってみたいと思う。

そこで、家に帰ると、蓄音器のラッパを外して口に当てて活弁をやり、蓄音器で音を出して、活動写真をカラカラ回し、子供たちに見せて遊びました。それが小学校高学年ころのぼくのいちばん幸福な遊びでした。

そのうちに、レコードをかけている時ラッパに口を当てて、こちら側から「オーイ」と言うと、レコード盤にその部分、小さな声で「オーイ」と録音されていることを発見しました。

忘れもしないのは、ベートーヴェンの『田園交響楽』（静かないいオーケストラ曲で、町の映画館の活動音楽にやや似ていた）のレコードに、ぼくがラッパのこっちから『マヌケ先生』の活弁を入れると、ぼくの声が小さいながらも録音される。それを活動写真と一緒にかけて、「聞こえるじゃろ」「いや、ちいそうて、ようわからぬ」と言われながら、遊んでいました。そういう意味ではトーキー映画も自分で体験してしまったわけです。

ですから、ぼくの映画との出合いは、観ることよりもつくることから始まったわけで、いまの若い人たちにとってはそれほど不思議な話ではないかもしれませんが、ぼくの年代までで映画監督になった人たちの中では珍しい体験だったと思います。

こういう体験の中でぼくが語りたいのは、映画というものに出会ったときに自分が最高にうれしい、幸福なものだということが映画のつくり手としては大事だということです。子供部屋の幸福感をそのまま持ち続けているうちに、結果としてぼくの子供部屋が全世界に広がっていったということなのです。

逆にぼくが映画を職業として選んでいたら、果たして映画監督になっていたでしょうか。ぼくの時代に映画監督になるのは、ぼくと同世代の仲間たちを見ればわかりますが、大変なエリートでした。大学も東大、慶応、早稲田というように非常に優秀で、難しい入社試験を受けて東宝や松竹に入る。それでも監督課に配属されることはエリートコースになっていて、監督になりたくてもキャメラマン、照明係、劇場の支配人になっていく。映画会社に入りさえすれば監督になれるというのはとんでもない話で、しかも同期の中でシナリオを書いたり、予告編を撮ったり、助監督を務めたりして、しのぎを削って残って残って残った人がようやく監督のポジションを手に入れる。

そういうことを考えると、ぼくにとってはまず東大や慶応、早稲田に入ることが大関門で、仕事として映画監督を選ぼうとしたら、挫折《ざせつ》して映画をやっていなかったかもしれません。

幸いなことに、ぼくにはそういう発想がまったくなくて、自分の大好きな映画と生涯つき合っていこうと、ただそう思っていただけでした。その温床をつくってくれたのが尾道のぼくの少年時代だったのです。

中学校に入るころになると、尾道の映画館で上映されている映画はすべて観ていました。そして、チャンバラ映画を観ると、竹を削って刀をつくり、チャンチャンバラバラをやる。アメリカの海賊映画を観ると、こうもり傘を壊してフェンシングをやる。

家の隣の寺に大きな木があって、その木の上に小屋をつくり、勉強道具やご飯を持ち込んで、一晩寝て、「アーアー、アー!」とターザンになっておりてくる。活劇映画のヒーローのように、階段も五、六段飛びに駆けおりてみたり、蒸気機関車の直前を通り抜けてみせる。下駄の鼻緒《はなお》を緩《ゆる》めて階段を早足でおりると、タップダンスのようにカタカタカタッと音がするので、その音を響かせながらおりて、そのままのスピードで線路をスーッと横切る。ぼくが線路を横切った直後を機関車が通過する、そのときの気分がわれながら格好いいなと思うわけです。

当時は蒸気機関車のスピードが遅くて、町の中をコトンコトンといった具合で走っていました。とくに貨物列車は長くて重くて牽引《けんいん》する力が必要なので、スピードも遅く、列車の最後尾に回り込んで、それにぶら下がって学校の下まで行くなんてこともしました。なかでもいちばんヒロイックな気分になれたのは、貨車にはいろんな種類があって、いちばん長いのは前の車輪と後ろの車輪との間隔がかなりあるので、列車が通過するときに車輪と車輪の間に転がり込んで、何台か後にまたその貨車が来たときに反対側に出るという遊びをしているときでした。

いま思うと、まあとても危険なことをやっていたわけで、よく五体無事に大人になれたものです。

尾道あたりでは「がんぼう」という言葉があります。ほかの言葉に置きかえるとうまくニュアンスが伝わらないのですが、男の子らしい悪戯《いたずら》もするけれども、二、三十人の子分たちの信頼も厚く、愛されるガキ大将のような存在だと思ってもらえばいいでしょう。子分といっても、おやつのない時代ですから、ぼくは親にもらったお菓子を分け与えて、それで、みんなを引き連れて遊んでいました。

家の大屋根の瓦の上にみんなで並んで、お尻の下にござ座蒲団を敷いて滑り降り、下の雨樋《あまどい》をストッパーにして止まる。おとなたちから見ると、危なくてしょうがない。それから伝馬船《てんません》に二、三十人の子供が乗って沖へ出て、難破船ごっこをやる。みんなで船の中に水を入れて、船を沈めさせる。いま考えてみれば半分以上の子は泳げないのに、よくやったものです。

最高の遊びは戦争ごっこで、向かいの島に高見山という山があって、町の西側のがんぼうグループとぼくたち東側のがんぼうグループが、日曜の朝のある時間を見計らって、西のグループは駅前桟橋から、東のグループは中央桟橋から同時に出発する。約一里から二里（一里＝約四キロ）の田舎道を歩いて、山の両側から道のない山を登っていって、早く上に着いたほうとあとから来るほうとで石投げの攻防戦をやる。陽が落ちるころには四、五人が血だらけの大怪我で、ぼくは彼らを引き連れて我が家の病院に帰り、おやじにアカチンキを塗ってもらう。

これらはみんな結局、映画の中でやっていたことの再現で、すべて映画ごっこだったわけです。そういうがんぼうの側面がぼくの中にあると同時に、ぼくの造語である「さびしんぼう」の側面もあることに自分自身気がついていました。「がんぼう、がんぼう」と言われると悔《くや》しくて、「さびしんぼう」という言葉がいつのまにかぼくの中に生まれたのです。

授業をさぼって映画館へしのびこむ小学生

映画には冒険映画もあれば、ロマンチックな映画もあるわけで、ぼくが観たたくさんの映画の中でいちばんの出会いはピアノでした。終戦後アメリカ映画が日本に入り出して、ピアノを演奏するガーシュインの伝記映画とか、ベートーヴェンやリストやシューマンなど有名な作曲家の伝記映画が続々と公開されました。その中で、ぼくの運命的な出会いといってもいいのが、ショパンを主人公にした『別れの曲』という映画でした。

ショパンは音楽の道を志してパリに出ていき、リストやジョルジュ・サンドに出会って、パリの社交界で音楽家としての才能をどんどん伸ばしていく。初恋の人がショパンを訪ねてきたときに、ショパンの恩師であるピアノの先生から、ショパンの才能はあまりにも大きくて、もう君だけのものじゃないんだ、君が本当にショパンを愛するならば、ショパンの才能を広く世界の人たちに委《ゆだ》ねなさいと言われる。しかし、その恋人はショパンと一緒にここで暮らしますと言って、部屋のカーテンの陰に隠れてショパンの帰りを待っている。

華やかなパリの社交界から意気揚々と帰ってきたショパンは、ピアノに向かって『別れの曲』を弾きます。それをカーテンの陰で恋人が聞いて、ショパンの音楽のすばらしさに打たれて、「ああ、ショパンは私だけのものじゃない、全世界の人びとに委ねましょう」と言って、別れの決意をするというのがラストシーンで、これには心底しびれました。

あんなにすばらしい恋ができるのならば、これはピアニストにならない手はないというわけで、それからは映画館に通っては夢中になってショパンの弾くシーンを見て、自分で真似して弾くのですが、なぜか同じ音が出ない。あとで映画のからくりがわかりました。俳優は決して正しい鍵盤を押さえているわけではなかったのです。そこで耳学問で、一音一音確かめて、ピアノの上でショパンの曲を再現していったわけです。『別れの曲』をピアノで練習しているころは、がんばう仲間と離れて、尾道の石段や坂道や路地裏や山の上をさまようように歩きまわりました。空は抜けるように明るく、海はキラキラと輝いている。世界はこんなに明るいのに、自分の心の中にはなにか空洞のようなものがあることを感じている。この空洞を埋めてくれるものはピアノだろうか、映画なのかと考えていると、すべてのものが結集してくるのは少女の匂いであることに気がつきました。

ぼくの家には大勢の人間がいても、みんな年上で、ぼくに足りないものの象徴が妹でした。ぼくが中学生、高校生のころにこの世の中でいちばん欲しかったものは、妹的なもの、自分を信頼して甘えてくれる存在でした。ぼくが頼ってくれる存在はたくさんありましたが、唯一足りないものは自分を頼って甘えられる存在、自分を力だと信じてくれる人でした。そういう存在があることによって自分はたくましく、雄々しく、何者かになるだろう。何者かになりたいという要求がすごく強い自分に対して、それを証明してくれるのが妹なのだろうと思っていました。

妹的なるものは、ぼくにとってはあこがれ、プラトニックラブの対象であり、失恋を前提とした恋人でした。ぼくの人生を通じて足りないものは妹で、その足りないものを埋めていくために映画があるのです。ですから、ぼくの映画は、ある種母性本能的なものを求めるより妹的なものを求めていく傾向が強いと思います。

ぼくが中学生のころにいちばん好きだった物語は『ポールとヴィルジニー』でした。絶海の孤島に住むおにいちゃんと妹のような、ポールとヴィルジニーの話です。

たとえば、突然雨が降り出して二人が駆けおりてくる。村のおじいさんが見ると、ヴィルジニー一人しかいないので、死ぬまで離れないはずのポールはどこにいるのかときくと、ポールがヴィルジニーのスカートの下からひょっと顔を出す。妹的なるものだけれども、妹のスカートの下には少年の純情と、未知なる性というものに対する恐ろしさとあこがれがあったと思います。

また、ぼくがショパンの恋人とも知らないで好きだったのはジョルジュ・サンドの『愛の妖精』です。主人公はランドリーとシルビネの双子の兄弟で、お互いに愛し合っていて、離れると病気になってしまうぐらいの兄のシルビネと、ぼくたちは別々なんだから、いつか二人は別れていかなければならないというたくましい弟のランドリー、ぼく流に言えば一人の人間のがんぼうの部分とさびしんぼうの部分を振り分けしている物語です。

その兄弟にまつわる野性的な少女ファデットが愛の妖精で、二人の少年が大人になるための通過儀礼を見守る妹のような存在として登場します。こういう物語にはそのころのぼくは強く魅かれました。自分自身としてはさびしんぼう少年、端《はた》から見るとがんぼう少年として、まさに映画の主人公たちのように冒険に富んで、いつも明るく活動していたのです。

ぼくの思いとしては、これらの物語の主人公たちの、内面に秘められたさびしさや傷つきやすい心、ないものへのあこがれを自分も背負っている感じで暮らしていたのが、中学生、高校生の時代です。

そのころになると、当然ぼくのつくり出す映画では、自分のさびしさを埋めるにはもどかしくて、尾道の九つの映画館で上映される映画をすべて観ようとしました。一週間で上映は終わるのですが、月火水木金土土日日と土日は映画館のハシゴをすれば完璧です。しかも、どの映画館も二本立てや三本立てで、おまけに、夏になるとモーニングショーがあり、ニュースやら漫画やら短編映画をやる。ニコニコ大会という特別番組もある。夜には九時ごろからナイトショーと称して別の映画が上映されたりもしたので、一年間で少なくみても五、六百本、どうかすると千本近い映画を観ていたと思います。

九つの映画館で上映するための作品数が足りないので、古今東西の映画やサイレント時代の映画までを倉庫からほこりを払って出してきていたわけです。尾道の映画館ではこの当時、映画の歴史が再現されていたといってもいいぐらいだったのです。

しかも、サイレント映画が上映されるときは、お弁当を持って映画館に行って、活弁をやっている紙芝居屋のカメやんにお弁当を差し入れする。まだ日本人がみんなお腹をすかしていたころですから、カメやんが自分の仕事を忘れてお弁当を食べているときにぼくは活弁をやらしてもらう。

林《はやし》長二郎《ちょうじろう》（長谷川一夫《はせがわかずお》）や阪東妻三郎《ばんどうつまさぶろう》の映画の活弁をやるんですが、ときには字幕が出て、「人非人《にんぴにん》」なんて読めなくて、困ってしまった記憶があります。それから横に置いてあるオルガンで演奏する。当時はうっとりしたシーンになると『トロイメライ』、追っかけになると『天国と地獄』が演奏されると決まっていて、ぼくはお姉さんが弾いていたのを覚えて、それもやらせてもらいました。

学校からも月に一回ぐらいは映画を観にいったりしましたが、ぼくの担任の先生も映画が大好きで、授業中によく映画の話をしてくれました。ぼくは、がんばうを通り越して、いまでいえば不良少年かもしれないけれど、小学校時代から授業を抜け出して映画館に行っても、それを先生が許してくれたのです。代々医者の家庭という親への信用があったり、学校の授業はさぼっても家ではきちんと教育をされていることも知られていて、さぼって映画を観ていても許してくれたのでしょう。

日曜日には学校の先生が監視に来ていたけれども、何人かの先生はぼくをかばって映画館に入れてくれました。とくに尾道の映画館は色街の真ん中にあったので、映画館に行くためにはそういうところを通らなければなりません。そうすると、昼間はお姉さんたちがお腰姿で洗濯しているなかを駆け抜けて活動小屋へ行ったわけです。

「わしの屁《へ》じゃ」——いい大人がたくさんいた

小学校時代の思い出としてよく覚えているのは、いまでもそらで言える「すせもひゑしみめゆきさあてえこふけまやくおのゐうむらなねつそれたよかわをるぬりちとへほにはろい」のことです。「いろはにほへと……」を反対から言うとこうなるのですが、なぜこんなことを覚えてしまったかというと、国民学校（当時の小学校）で国語の授業のときに先生が、これは日本語の大切な言葉であるから、宿題として暗記しなさいと言われた。子供心にこの言葉のうしろには何か意味がありそうだなと思って、先生に、

「先生、その言葉の意味は何ですか？　色が匂うとはおかしいと思うんだけど、何か別の意味があるんですか？　あるのなら教えてください」

するとその先生は、確かにこの言葉に意味はあるけれど、こんな言葉の意味は君たち子供にはむずかしくてまだわからないから、ただまる暗記をすればいい、先生の言うとおりにしていればいい、とピシャッと言われた。

それがぼくには猛烈に悔しく悲しくて、家に帰って「いろはにほへと……」をながめていて、どっちみち意味がなくて覚えなければならないなら、せめて人とは違う覚え方をやって楽しもうと、うしろから一所懸命覚えたわけです。

翌日学校で生徒が順番に言わされて、ぼくが「すせもひゑしみ……」とやったら、先生がびっくりして、そして怒りだして、

「なんで君、そんなふざけた、反対から覚えるようなことをしたんだ」

「だって、先生、意味がある言葉だったら、ちゃんと頭から覚えないといかんでしょうが、意味がどうでもいいなら、どっちから覚えても同じでしょう。ぼくは逆さに覚えるほうがうんとおもしろいし、ぼくはだれも覚えないやり方で覚えました。黒板に書けば、みんなと同じようにちゃんと書くこともできます」

いま思い出してみると、こうした内容のことを、そのときはすらすらと言えるはずもなく、ぼくは懸命になって、十分も二十分以上もかけて、ようやくこれだけのことを答えたのだと思います。

ぼくが答えているあいだ、先生は最初は恐い顔をされていましたが、ぼくが答え終わると、その先生は教壇にガバッと両手をついて、

「これは大林君が正しくて、先生が間違っていました。昨日大林君に聞かれたときに、実は先生には、いろはの意味を皆さんに説明することができなかった。先生がものを知らずに、生徒の質問に答えられないのは恥ずかしいことだ。先生はお前たちの前で、恥をかきたくないからついごまかして、子供だからわからない、わからなくていい、まる暗記すればいいと言ってしまったんだ。しかしこれは、本当の意味で、先生が恥ずかしいことをしてしまったんだと思う。世の中には子

供だからわからないということはなくて、それは子供に対して上手に説明することのできる大人がいないということです。先生もそういうだめな大人になるところでした。今日から私はいい大人、いい先生になろうと思います」

と言って図書室から参考書を持ってきて、先生もこんなことは初めて知りましたと言いながら、その意味を説明してくださったのです。

説明されても、小学生だからよくわからなかったけれども、汗を流して一所懸命ぼくたちにわかるように説明しようとしている先生の真剣な姿はすごく感動的で、いまだにぼくはモノを書いたりするときには、あの先生の姿が思い浮かびます。その先生に同窓会で会うと、

「いやぁ、あのときは大林君に教えられたね。あの事件があったから、ぼくはいい先生になって、校長先生までやって、教育者として無事に生きることができた。先生というのは子供に教えられることのほうが大きいよね」

とおっしゃってくださいます。

また、こんなこともよく覚えています。ぼくたち、がんぼうは、しょっちゅう落とし穴をつくって遊んでいました。あるとき同級生がその落とし穴に落っこち

て、運悪く足の骨を折ってしまうという事件を起こしてしまう。その子はすぐに担架に乗せられて、うちのじいさんの病院に運ばれていきましたが、残されたぼくらは、全員そのまま校庭に並んで立たされます。

「ここに落とし穴を掘ったものは、前に出なさい」

ぼくたちは前に一歩出て、怖い女の先生がいつも以上に恐い顔をしているので、どんなふうに叱られるかと戦戦兢兢《せんせんきょうきょう》としていると、

「あなたたち、もういっぺんこの落とし穴をつくりなさい」

と更に恐ろしい顔でその先生は言います。ぼくたちは震えながら、わけもわからずまた落とし穴をつくると、先生がそこへ、空を見て悠々と歩いてくる。ぼくたちが固唾を飲んで見つめていると、先生はドサッと落っこちちゃう。

信じられないことに、先生は何事もなかったように落とし穴から上がってこられて、

「もういっぺん、落とし穴をつくりなさい」と言う。そしてぼくたちがつくると、また空を見て歩いてきてドサッと落っこちちゃう。

「もういっぺん、落とし穴をつくりなさい」、何度かそれを繰り返すのです。ぼ

くたちはもう理由もわからず、恐ろしくて泣きながら落とし穴をつくり続けました。何度目かのドサッのあと、

「みなさん、この落とし穴はここのつくり方が間違っています。みな、教室に戻って、小刀を持ってくるように」と命じられて、ぼくたちは、教室に行って戻ってくると、先生は古びた箒《ほうき》の柄を持っておられて、

「みなさん、小刀で、この竹をこのように裂きなさい。その竹でこの仕掛けをこういうふうにして落とし穴をつくれば、落ちても足を折りません」

できあがったあと、先生はふと目の合った僕に向かって、

「大林君、落ちてみなさい」

落ちて見ると、ドサッというのではなく、スーッと穴に吸い込まれていく感じで落ちる。

「わかりましたか。このようにして落とし穴をつくれば、落ちてもだれも怪我をせず、みなで楽しく、落っことしっこして遊べます」

と、もう恐い顔ではなくて、そうおっしゃる。

その話を聞きながら、ぼくたちはもう大声で泣きました。それは恐かったから

でもなく、悲しかったからでもなく、なんとも言えず、嬉しかったからです。

いまの学校教育だと、落とし穴は禁止ということになるのでしょうが、当時は学校の先生たちも、落とし穴をつくることは子供たちの知恵の産物で、危険は伴うけれどもそれで遊びながら子供は育っていくし、遊びの中に危険があるのは当然で、大人がそこに参加するとすれば、せめて大人の知恵でその遊びがより危険じゃないように助けてやることが、精いっぱい子供たちにしてやれることだというわけです。

また、当時はぼくたちの遊ぶところには年じゅう蛇がいたので、その先生は蛇からの上手な逃げ方も教えてくださったのです。蛇は同時に走ると人間より速く走るから、蛇に追われたとき、真っ直ぐ逃げて走ったのでは、蛇に追いつかれて咬まれてしまう。蛇の体はカーブを曲がるときにはそろそろと曲がらなければいけない。直角に曲がると蛇の体は真ん中からポッキリ折れるから、蛇に追われて追いつかれそうになったら、突然直角に曲がりなさい。蛇は徐行して曲がるから、スピードが落ちるので、弓の字型に逃げれば蛇から逃げられると教えられたのです。どう考えても「ほんとうかなあ」という話ですよね。

ぼく自身は一度もそれを試すことができなかったけれど、ある日、二階の教室からふっと見たら、その先生が袴《はかま》の裾をたくしあげて、懸命になって弓の字型に走ってくる。遠いから蛇の姿は見えないけれども、みんなで「あっ、先生、いま蛇に追われていらっしゃる」――そのときのその先生の姿がとても神神《こうごう》しく見えました。

教室で子供たちに話したことを、たとえ作り話であってもぼくらの目の前で、子供たちが見ているからというわけではなく、気がつかない中で黙々と実行している。ぼくたちはそこに大人たちの責任のあり方を見ていたように思います。

ぼくたちにとって先生はそういう存在であったし、先生にとってもぼくたちはそういう存在だったのだと思います。ですから、子供が授業をさぼって映画館に行ったりすることは、不良の第一歩だし、よくないことだけれども、大林君という子にとって映画館は不良化する場所ではなくて、きっとこの子の才能を育てる何かに違いないと信じてくださった先生たちが、ぼくの身を守って映画館に行かせてくださったわけです。

ぼくはぼくで、映画館でピアノを覚えてきます。ピアノが弾ける子だということで、中学時代には、中国地方の先生たちがぼくの学校に何かの視察に来られたときに、ぼくのピアノの伴奏でコーラス部が歌を披露することになりました。『楽聖ショパン』という映画を観てぼくは『英雄ポロネーズ』をマスターしていたので、それも披露する。でも、ただ披露するだけじゃつまらない。結核のショパンがピアノの上に真っ赤な血を吐きながら演奏するシーンに感動していたぼくは、なんとかそれをやりたいと思いました。そこで、母親に頼んで、ショパンが着ていたブラウスのように、ワイシャツにヒラヒラのひだを縫いつけてもらって、ピアノに向かいました。それだけで先生たちからはひんしゅくものです。そして、トマトケチャップを水に薄めたものを演奏中に口に含んで、それを吐きながらピアノを弾いてみせたのです。

ぼくにとっては血を吐きながら弾かないと、ショパンにも芸術にもならない。肺を病んだショパンになりきった思い入れたっぷりの演奏で、映画のなかのように、感動した聴衆の万雷の拍手が聞こえてくる。

けれどもそうは、なりません。先生たちからは驚きと非難の声、そして鍵盤からトマトケチャップがしみこんでいって、ピアノの音が出なくなってしまったのです。

おかげで、グランドピアノが一台だめになったわけですから、怒られて当然のことでした。ぼくに、ショパンを弾くように勧めてくださった先生の面目も、大いにつぶしてしまった。誰もいなくなった講堂で、トマトケチャップだらけになったピアノの前でぼくがしょんぼりとしていると、音楽の先生がこう声を掛けてくださった。

「ピアノはこうして使いものにならんようになってしまったけれど、そのぶんのう、おまえはいい芸術家になるんだぞ、そうすれば、ピアノもきっと喜んでくれる。今日の演奏はよかったよ」と言ってくれて、なんのお叱りも受けませんでした。

周囲がそういうふうにしてぼくを見守っていてくれたので、ぼくは自分の夢を育《はぐ》くみながら、中学、高校時代を過ごせたと思います。

ぼくの子分たちも、一つ間違えば命を失ってしまうかもしれないような遊びに参加をさせられていたけれども、当時のことを考えると、子供は怪我をするのが当たり前で、毎日アカチンキをひざ小僧や手に塗っていない日はなかったのです。

でも子供たちはみんな間違いなく生きているし、子供にはそういう生命力が備わっているのだとぼくは思っています。

当時の尾道には、どこもそうだと思いますが、いい大人がたくさんいました。学校からは山路を抜けて帰ってくるのですが、ある角にいつも怖いおじいさん、無表情で仙人様のような風貌のおじいさんが海を見ていて、ときどきこっちを向くとぼくを睨《にら》みつけるのです。あるときスーッと通り抜けようと思ったら、そのおじいさんと目と目が合って、ぼくのことを呼びます。暗い、深い、光のない洞穴のような目で、その目がじっとぼくをずっと昔から見続けていたように、見ているのです。呼ばれたら、金縛りにあったようになりました。「名を名乗れ」「年はなんぼか」——と。ぼくが答えると、「そこへしゃがめ」とわけもなくしゃがまされる。するとそのおじいさんはスーッと立ち上がって、着物をパッとしりまくりして、ぼくの目の前で越中ふんどしの横を外して、プッとおならをする。「ひゃあー」とぼくが声をあげると、おじいさんは悠然と振り返って、「どうじゃ、臭いだろう」「うん」「これがわしの屁じゃ。それじゃあ、行け」「はい」——で終わるんです。

これを毎日やられる。ほかの道を通るのもしゃくにさわって、毎日そこをすり抜けようとするのですが、そのたびに振り向いて、「わしの屁じゃ」をやられる。当時は食べものも悪かったせいで、おならも臭いんです。ぼくの家でも年じゅうだれかがおならをしている。おならも日常的にぼくたちの身の回りにあって、当時の大人は子供の前で平気でおならをしていました。

そのおじいさんのおならを毎日かがされているうちに、子供心になんとなく、そのおならに威厳があるように思えてきました。つまりその人のいま生きている証《あかし》というのか、全人格というのか、しょせん人間は生きて、ものを食べて消化して排泄するという繰り返しの中に、言葉が生まれたり感情が生まれたり、さまざまな人生がある。言葉が通じ合えないおじいさんと子供のあいだで、そのおじいさんが、子供たちに何か自分の思いを託そうとしたときに、いちばん直截《ちょくせつ》な方法が「わしの屁じゃ」ということだったのかもしれません。

つまり、毎日毎日、自分の前を通り過ぎていく子供がいる。あの子は何を考えて何が好きでどんなよろこびや悲しみを感じながら毎日いるのだろう、それを知りたいけれど、あの幼い子と自分とのあいだでは、楽しさや悲しさやこの子たちがつくる人間の未来の姿などを語り合うための、共通の言葉がない。オイ、と声をかければ、この子はきっと恐がって逃げ出してしまうだろう。この世に長く生きてきた自分のほうから、なんとかコミュニケーションの方法を創意工夫するべきであろう、と。

大人たちの中には、「このごろの子供はようわからん」などといって、最初から理解し合うことを諦めている人が多いのですが、このおじいさんの、「わしの屁じゃ」は、人間が人間同士の絆を生み出すための、まことに独創的な知恵による、会話の手段だったのです。

そのおならを毎日かがされているうちに、今日はおじいちゃん大根食べたとか、今日は菜っ葉のおならだとかがわかって、おならの匂いがおじいちゃんとの毎日の会話になっていく。恐らく奥さんに「おまえのことが好きだよ」とか「愛しているよ」とか、一言も声をかけたことがないようなおじいちゃんだろうけれども、なんとなく奥さんに対する朴訥《ぼくとつ》な愛情みたいなものまでが、「わしの屁じゃ」にあらわれてくるように思えたのです。

こんなふうに大人と子供が、不器用だけれども同居していたのが、あの時代だったと思います。ぼくは子供でしたけれども、子供だから大人とは違う世界にいるのではなくて、人間社会の中の子供の部分を請け負《うお》っている。大人たちも、人間社会の中で子供の部分を請け負っている一人の子供としてぼくを見ていてくれた。そういうことを含めて尾道は素敵な風土だったと思います。

東京へ　遠い世界で医学部受験

ぼくは、学校の勉強のほうは正直いってあまり熱を入れていませんでした。もう少し正確にいえば、先生に対して従順な成績のいい生徒ではなかったということです。たとえば国語の時間では芥川龍之介の『鼻』についての解釈を先生とやり合って、ついに「大林君が正しい」と認めさせたりするような、生意気な生徒だったと思います。

ジョン・ウェインの船長帽みたいで格好いいからと、冬でも学帽に白いカバーをかけ、上着を脱げばワイシャツにヒラヒラをつけているという、まことに変な学生でした。どうも、ぼくの羞恥心《しゅうちしん》は変に働くらしく、普通の日本人はみんなと同じ格好でいたら恥ずかしくなくて、はみ出すと恥ずかしいのに、ぼくは、子供のころから、みんなと同じことをするのが恥ずかしくて、人と違うことをやっているとホッとする。

たとえば、冬になってスリッパを履《は》くとペタペタと音がする。それが恥ずかしいから、自分だけ素足でいる。みんな靴下を履いているけれども、なぜか靴下を履いているのが恥ずかしくて、裸足《はだし》でいる。みんなが長ズボンをはくと、これも恥ずかしいから、中学校ぎりぎりまで半ズボン。みんながズックを履き出すと、これも恥ずかしいから、下駄でとおす。高校時代でも、試験のときにみんなが並んで答案書いているのが恥ずかしくて、試験をボイコットする。先生にどうして試験をボイコットするのかと問われると、

「試験というのはできるかできないかを試すものでしょう。だから、できるんだったら、試験を受けなくていいでしょう。ここでなんでも質問してください、答えますから」

と切り返す。そこで、先生が質問して、ぼくが答える。それで、「わかっているなら、いい」ということになるわけです。でも、そのときにわかっていないと恥をかくから、真剣に勉強もしました。

なぜ真剣に勉強したかというと、当時の成績のいい子は教室で「はい、はい」

と手を挙げて答える。あれが恥ずかしくて、一度も手を挙げなかったのですが、実は内心手を挙げられる子がうらやましくて仕方がなかったのです。端から見れば、なんの恥ずかしさも持たない子供に見えるに違いないんだけれども、「はい、先生」と教室の中で手を挙げるいい子になることができない。手を挙げた子の答えが全部違っていて、みんなシーンとする。最後に先生が「大林君、どうだ」と声をかけたときに、「はい、先生、これは……」と答えるのです。

いま、考えると嫌らしい子ですが、それがぼくの美学で、先生から「どうだ」と一言かけられたときに、「ぼくはわかりません」というのは死ぬほど恥ずかしい。ですから、いつ聞かれてもいいように勉強するのです。

いまもぼくみたいな子供は多いと思うのですが、そういう子を落ちこぼれにしないでヒーローにしてくれたのが、当時の先生たちでした。ぼくは地方ロケに行くと、登校拒否で家にいる子たちとよく出会うのですが、みんなあのころのぼくにそっくりです。もしぼくがいまの子だったら、きっと登校拒否児童になったでしょう。その子たちが実は勉強を渇望し、知識に飢え、友達を欲しがっており、先生と対等に人間同士として語りたがっているのに、そのもどかしさをかかえながら落ちこぼれていくわけです。そのもどかしさを救ってやる大人が、いまは少なくなってしまったわけです。

当時はいまのような激しい受験戦争の時代ではありませんから、高校二年までは進学のことはまだ考えていなくて、そのことを真剣に考えはじめたのは高校三年の文化祭が終わってからのことでした。そのころからなんとなく友人が他人に見えてきます。年齢的にも子供から大人に、さまざまな世界にさまざまな大人として旅立っていくときで、友だちが一人ずつ自分とは違う顔つきをしはじめる。ぼくは何になりたいということを語る友だちも出てくるし、みんなそれなりの学校を選んで勉強をしたり、家の手伝いをして仕事を身につけていったりする。

そういうときにぼくは何になろうかとは思わなかったのです。すでにお話ししたように、ぼくは大人になれば医者になるという運命の中にいたわけで、何になろうかと選択をするより、ごくごく自然に医者になるのだろうと思っていました。ところが、医者になるためには受験勉強をして、大学の医学部を受けて入学し、そこをちゃんと卒業しなければ医者になれないことに初めて気がついたのです。

そうすると、ぼくの環境は映画と音楽と文学しかありませんから、化学とか数学は成績のいい悪いを越えて、なんとなく自分とは無縁のものになっている。しかし、医者になるためには化学や数学をむしろ友としていかなければならない。これは大変なことだと思いはじめるけれども、そんなに悩むこともせず、とりあえずどこかの大学の医学部を受けて、そこに入れば、また映画を観たりして暮らせるだろうくらいにしか考えていませんでした。

そこで、ごく自然に慶応の医学部を受験したのです。ぼくの父親は岡山大学の出身です。当時、ぼくの仲間で真剣に医者になろうと思っている人たちは、岡大はもちろん、京大、阪大を目指していました。尾道にいる子供たちにとってリアリティがあるのは関西までで、箱根を越えて東京へ行くというのは、おそらくいまの子供たちから見ると、南米よりも遠いという感覚でしょう。ほとんど地球圏外へ行くようなものです。

ぼくが大好きだったレコードに、ミュージカル仕立てのものがありました。都会の茶目子という一人の少女の一日を描いていて、それを聞いていると「納豆、納豆」と納豆売りがやってきて、納豆をおかずにして朝ご飯を食べる。ところが、尾道にいたぼくたちにとって納豆といえば甘納豆しか知らない。あれをご飯にかけて食べる人種はエイリアンで、東京へ行ったら、どういう人が住んでいるのか見当がつかないくらい遠い世界でした。

まず医者になって帰ってくるというリアリティの中では関西までだったということを考えれば、ぼくが東京を選んだことは、すでにぼくの中で医者ということが虚構になりはじめていたのではないかと思います。

当時の東京を知っている人間は尾道にもそれほど多くはなく、ぼくの家でも、ぼくの叔父になるような五、六歳上の人が東京の大学へ行っていた程度でした。東京の大学へ行っているということだけで東京のおじさんという感じでした。中学時代に東京から転校してきた女の子がいて、その子の履いている編み上げの靴やひだのついたスカート、その子の話す言葉などは、フランス人形よりも遠い感じがしたものです。それぐらい東京はぼくにとって異国でした。

生まれて初めてダスターコートを買ったのも、東京に行くと寒いからということでした。尾道にいると、冬の寒いときでもワイシャツに薄手のセーターを着て、上に学生服をはおれば充分でしたから、ジャンパーも当時は持っていませんでした。

「じゃ、ぼく、映画をつくるよ」

さて、本番の慶応の医学部の受験ですが、受験場の日吉の六十人入る教室で受かるのは二人だけなのだなと思ったのですから、競争率は約三十倍だったのでしょう。そういうところに座っても、受かるとか受からないというリアリティはまったくありません。受験場で窓の外を見ると、緑だったという記憶があります。いまこの教室からあの窓の外へ出たらどうなるだろうという考えが自然に浮かんできます。そうすると試験は受けないわけですから、ああ、ぼくは医者にならないんだなと——。

医者にならないということがどういうことかまったく想像がつかない。医者じゃない大人とはどういうものだろう。でも、そういうものになってみたいとそのとき思ったのです。では、あの窓の外に出てやろう、でもこのまま教室から逃げ出すのはしゃくにさわる。この答案がきちんと書けたら出てやろう。そういうぎりぎりのときのぼくはなぜだかいつもついていて、たまたまぼくが知っている英語の問題が並んでいて、主観的には非常に満足のいく答案が書けました。

そこで教室から出て、そのあとにあった試験はやめ、そのまま日吉から渋谷に出て、地下鉄に乗って浅草まで行き、そこで観た映画が忘れもしない『ダニー・ケイの黒いキツネ』でした。翌日の試験には当然行きません。新聞の劇場案内を見ただけでものすごい数の映画館があります。その日は一日、映画を観て過ごし、尾道に帰って、

「ぼく、試験を途中でやめたよ」

と父に言いましたら、

「じゃ、おまえは医者にならないんだな。ではなんになるつもりなんだ」

と言われても、ぼくはまだ医者にならないということしか決めていません。当時でいう八百屋さんも魚屋さんも、ぼくの友人はみんな町にある家の職業を継いでいく。ぼくには行き場所がない。

とっさに「じゃ、ぼく、映画をつくるよ」と言ったのが、映画と一緒に生きようと初めて意識したときでした。しかし、そのころは大学を出て、映画会社に入って、映画監督になるというシステムすらも知りませんでした。口に出して「映画をつくるよ」とは言ったけれども、町の活動小屋で観る映画というイメージよりも、自分の手の中にあって、消したり、削ったりかいたり、切ったり貼ったり

の映画のほうがリアリティとしてありました。ですから、もともと職業として存在するはずのものではないと思っていました。

父親も一人の大人として、そういう目でぼくを見てくれていたのでしょう。これはあとになってわかったのですが、父親は岡山大学の医学部を首席の成績で卒業したんです。父親が見せてくれた学術論文は、父親が発見したものとコッホの研究したものとが並んで医学書に出ていたのです。ですから、本来は学究肌の人で、岡山大の医学部に残って何か研究をしようという夢を持っていたらしいのですが、戦争で軍医としてとられてしまった。大学の医学部の研究室はいっぺん出ると戻れなかったので、戦争から帰ってきたあとは母方の病院を継いで開業医になったわけです。

父親としてみれば、自分のそういう夢を戦争で失ってしまったから、息子が映画をやるなんてとんでもないことを言い出したけれども、人間好きなように生きるのがいちばんいいと思っていたに違いないと、いまにしてわかるのです。

ぼくの母親は子供のころから文学少女で、絵をかき、音楽をやり、学校では創作舞踊も発表する大変な才女で、医者の家に生まれなければ、林芙美子《はやしふみこ》先輩のように東京へ出て、芸術家になろうと思っていた人でした。医者の家に生まれた運命で、うちの父親のところに嫁いで、生涯奥さんとして過ごしたわけです。

ぼくは寝物語に母親のつくり話を毎晩聞かされましたが、二度と同じ話はしませんでした。絵もかいてくれましたし、ピアノが来てからは曲を弾いてくれたりしてぼくを育ててきました。そんな母親ですからぼくが映画をやりたいというときに、何か自分に似たものを息子が持っていると思ってくれたのでしょう。とにかく医者にならないので、映画をやるのはいいということになりましたが、さて、ぼくの家のだれも映画をやるにはどうすればいいかがわからない。とにかく、少なくとも東京に出れば映画館はいっぱいあるし、毎日映画を観て暮らせるのです。

そのときに父親から東京へ持っていけと差し出されたのが八ミリキャメラでした。当時やっと国産の八ミリが出たころで、日本の大人の趣味として、まず写真機があって、ごくごく限られた人たちにムービーの趣味があり、それは大変お金のかかる道楽でした。父親が八ミリキャメラを回していたのは知っていましたが、ぼくの活動写真機は三五ミリで、まったく別個のものだと思っていました。

ですから、父親から言われたときに、「そんなおもちゃみたいなものじゃ、映画はつくれないよ」と言ったのです。でも、そこは親孝行として、父親がせっかく大事にしているものをくれるというんなら、これは大事にもらっていってあげなければいかんだろうと逆に思って、その八ミリのキャメラを一台持って東京へ出てきました。

当時はモノクロフィルムの時代で一巻が四百円、カラーがようやく出てきて、二千円はしたかなあ。家賃が一畳二食付きで千円の時代ですから、もらったのはいいけれども、フィルムは高すぎて到底買えません。父親が持っていた三ロールのフィルムがあるだけです。一ロールは三分半ぐらいですから、十分ぐらいのフィルムをおそらく三年がかりぐらいで撮りました。

それはどういうことかというと、今日一コマ撮る、明日一コマ撮るといった具合に一コマずつ撮っていったのです、ぼくにとっての映画はもともと一コマから始まっていますが、一コマずつしか撮れないのですから、残った時間は東京じゅうでやっている映画を全部観まくってやろうと思ったのです。

そのころまでにはぼくも日本で映画をつくるためのシステムがようやくわかってきて、映画館で上映されている映画はぼくにとっては生涯無縁のものであると思っていました。自分がつくる映画は目の前にある八ミリを一日一コマずつで、上映する場所はないけれども、それで孤独になったという記憶はあまりなくて、東京では映画が全部観られるということのよろこびのほうが大きかったのです。

ぼくが具体的になろうと思った中で、いちばんリアリティがあったのはモノを書くことでした。小説家になって、映画は、自分の映画を一コマ一コマ撮っていくのだろうなと考えていました。ぼくは子供のころから本をつくることが大好きで、自分で漫画をかいたり、物語を書いたりして、高校を出るまでには無数といっていいほどの小説を書きあげていました。活動写真を観たり、つくったりするのは自分の趣味で、学校では同人雑誌や学校新聞に物語を投稿したりすることが二番目に好きでした。

中学、高校時代のぼくの活動場所は、文化祭をやると、朝から放送劇をやり、次に演劇をやり、コーラスの指揮をとり、どうかするとタップダンスまで踏むという田舎のエンターテーナーだったのです。そういう少年でしたから、ぼくの友人たちも、きっと医者にならなくて、大林は東京へ出てモノを書くか、音楽家になるかで、映画界に進むとはだれも思っていなかったでしょう。

東京へ出てきて一年間浪人をしているあいだは毎日、映画を五本ずつぐらい、最初は電車に乗って、後半は自転車で東京中を走って観ていました。とりあえず大学へは行かなければいけないだろうと思って、自転車で散歩しているうちに見つけたのが武蔵野の雑木林の中にある成城《せいじょう》大学で、しかも映画科があった。当時は日大と成城大にしか映画科はなかったのですが、マスの日大よりも、中野に住んでいたこともあって、成城のほうがサイクリングコースによかったので、翌年、文芸学部芸術コース映画科を受験したわけです。

第二章　個人映画の時代とＣＭ黎明期

アラン・レネとつながるインディペンデント映画

成城大学は当時、外からとる人間が五十人で、付属高校から上がってくる人が五十人でした。ぼくは受験番号が九十九番で、ぼくのあとにもう一人いましたから、百人で五十人受かる。ですからこれははなから落ちるとは思っていません。試験の発表も見にいかないし、ごくごく自然に成城の学生となりました。

当時の成城が大変素敵な学校だと思うのは、文芸学部ができてまだ五年目ぐらいではないかと思いますが、そのときにいたある四年生は、一年中、毎日トイレの屋根の上で暮らしているのです。木造の校舎の中でトイレだけが鉄筋コンクリートで、屋根が斜めになっていて、目の前に木が一本茂っており、夏はたぶんいちばん涼しい木陰で、冬は枯れ木になってよく日が当たる。

その先輩はだれよりも早く学校に来て屋根に上り、みんなが帰ってからでないと降りない。つまりその屋根の上にいることが自分の存在だと決めた以上、そこにいないと自分は不在になってしまう。このヒロイズムも大変な苦労だったと思います。屋根の上にしびんと歯ブラシと原稿用紙を風呂敷に包んで持っていって、屋根の上で戯曲を書き、彼に恋人ができたときには、屋根の上に二人で座っていました。

ぼくも自分の居場所を見つけなければならないので、講堂のグランドピアノの前と決めて、八ミリをピアノの上に置いて、日がな一日ピアノを弾いている。そうすると、女学生たちがときどき休憩時間やお昼休みに来て、ぼくのピアノを聞きながらお弁当を食べたり、本を読んだりしていく。少しは授業にも出ましたが、映画のゼミは二十人ぐらいですから、みんなで集まって喫茶店に行ってしゃべるとか、雑木林の中を歩くとか、そういう授業をする先生もいました。

ぼくが一年間浪人していたころはシャンソンブームで、文化の代表はアメリカではなくてヨーロッパでした。喫茶店はクラシックかシャンソンで、実存主義やサルトルがもてはやされていたころで、ぼくはベレー帽にコールテンの上着を着て、真っ赤なスカーフを巻き、女もののヒラヒラのシャツを着て、パッチみたいに細いズボン、当時でいうマンボズボンをはいて、その格好で受験にも行きました。

お尻のポケットにつっこんで持っていった、ウイスキーのポケット瓶を飲みながら答案を書いていると、先生が、

「あら、いい匂いがいたしますね」

「先生も召し上がりますか」

「いただきましょう」

というような試験風景だったのです。結局、成城には五年間いて、取ったのは十八単位でした。

成城は詩人の富永太郎《とみながたろう》、小説家の大岡昇平《おおおかしょうへい》などが先輩で、『白痴群』という同人雑誌の流れがあり、ぼくたちはそれを受け継いで『狂童群』という同人雑誌をつくって、ともかくそこに小説を書き、演劇部に顔を出し、音楽部でアンサンブルの演奏をやったり、八ミリをいつも持ち歩いて一コマ撮るという大学生活を送っていたわけです。

その当時は映画館に行くと、映画を上映する前に必ず商店街のＰＲ映画があり

ました。映画がまだまだ娯楽の王者で、経堂《きょうどう》にも三軒、隣の祖師《そし》ヶ谷大蔵《がやおおくら》にも一軒あって、いまの何十倍という館があった時代です。その土地、その土地に映画館がありますから、その周辺の商店街のPR映画が上映されていたわけです。

そういう映画は独立プロのプロデューサーやキャメラマンが糊口《ここう》をしのぐためにつくっていた状態で、若いぼくも目をつけられて誘われたんです。学校へ行きつつ、経堂から始まって下北沢《しもきたざわ》、阿佐《あさ》ヶ谷《がや》とか、あの辺の映画館にかける商店街のPR映画をつくりはじめました。

忘れもしないのは、ドタバタ・サイレント映画を模して、ぼくがジャックになって、成城の後輩の女学生をベティーにして、ジャックとベティーが悪漢のロバートに追われて、追いつ追われつ一軒ずつ商店を回って紹介して歩く。それに『天国と地獄』を自分でピアノを弾いて音を入れて、活弁をして流すという作品をつくったことです。撮影は、ニュース映画を撮っているキャメラマンにアルバイトで来てもらったりしました。

悲しい思いをしたのは、最初は空のカメラを持って三、四軒映して、一軒の家から五千円ずつぐらいもらって、それからフィルムを買いに行く。ようやくフィルムを入れて、さっきのは失敗しましたから、もう一回撮らせてくださいと言って、フィルムの入ったカメラで撮るわけです。空のカメラの回る音は本当に切ないのですが、カメラを回しているときは空と思えなくて、ついつい本気になってしまうんです。それを嫌というほど味わいました。

それでもセンチメンタルになるわけでもなく、自分の映画をつくるんだということで、もらったわずかばかりのお金で八ミリのフィルムを買い、ようやく本格的に八ミリ映画を撮ってみようと思いはじめるわけです。

そのときには八ミリがどう映画に結びついていくかは皆目《かいもく》わからないけれども、とにかく映画の歴史とつながっている。映画館で観るチャップリンやキートンとぼくの八ミリはつながっている。日本の映画界とはつながっていないけれども、エジソンとはつながっている。それがよろこびだったのです。

エジソンやチャップリン、キートンがつくってきた伝統に恥じないものをつくろう。八ミリだから、アマチュアであるとか、落ちこぼれであるとかいうふうなマイナス思考はまったくありませんでした。むしろ商業主義から切り離されている分だけ純粋に映画の歴史につながっている。あとで知れば、それがアラン・レネであったり、ポランスキーであったり、ブニュエルであったりするわけです。『アンダルシアの犬』とか『ふくろうの河』、『タンスと二人の男』とかが上映されて、それはなんと自分たちの八ミリに近いことか。ところが日本映画にはそういうものがありません。

ぼくはそういう世界と結びついているなと思ったときに、周りには八ミリ・ジャーナリズムの雑誌が出はじめました。ただ、大人たちが団体旅行したときの記録のつくり方とかが記事の中心になっている。その中にもわずかにアマチュア小型映画の世界があって、何人かの人たちは山岳映画を撮っていた。そういう人たちの撮ったスキーや登山の映画は、アマチュアとして一つのジャンルをつくっていましたが、そのほかは趣味の世界でした。

ぼくはこつこつと映画を撮っていて、つくるとどこかに発表したくなる。フィルム会社や雑誌の主催するコンクールに出すと、あなたのつくった作品はほかの人の作品とあまりにも違うから、比べて評価することができませんので、お返ししますと丁寧な断り状と一緒に戻ってくる。応募作のほとんどが趣味的な作品で、ぼくのはアラン・レネやポランスキーやブニュエルを真似たインディペンデント

（自主製作）の映画ですからこれは当然のことだったのかもしれません。

フィルム・アンデパンダンというジャーナリズム

当時、日本以外の国の映画づくりは、若い映画作家たちが二十分ぐらいの短編映画をつくることがシステム化されていて、そういうところで映画をつくって認められた人たちが、長編映画に進出してくるのでした。たまたまそういうものをぼくたちは、長編映画の併映作品として観ていて、そこにぼくは海を越えた親近感を持っていました。

そういうときにある雑誌の編集長が、インディペンデントのフィルムだけを集めて上映しようと仕組んだんです。一九五九年、六〇年ごろに日本で八ミリをそういうスタイルで使っていた人間は、ぼくと高林陽一《たかばやしよういち》さん、飯村隆彦《いいむらたかひこ》さん、ドナルド・リチーさんの四人しかいなかったんです。

その四人はもちろんそれぞれお互いには顔も知りませんでした。高林さんは京都に育ち、ぼくなんかと同じで、お父さんがカメラ道楽で、ホームムービーと親しむことから八ミリを手に入れて京都を撮っていました。飯村さんは、現代美術に興味を持っていて、その仲間たちにはまだ無名の赤瀬川克彦《あかせがわかつひこ》（原平《げんぺい》）さんや小《お》野洋子《のようこ》（オノ・ヨーコ）さんたちがいて、そこでこれから何かをやろうとしていた。その中でひょっと気がついて、フィルムというメディアで現代美術とかかわってみようとしていたのです。ドナルド・リチーさんは黒澤明《くろさわあきら》や小津安二郎《おづやすじろう》などの映画を研究して、それを世界に紹介した国際的な映画人ですが、評論家の趣味に近いところで八ミリを撮っていました。

この四人の作品をまとめて上映したらおもしろいだろうと思った人がいたわけで、そこで初めてぼくたち四人が一堂に会して、それぞれの作品を観て、「ああ、ここにも仲間がいたのか」と思ったわけです。

この力を結集すればもっと何かが始まるんじゃないかと思うほどのリアリティはまだありませんでしたが、ただ、高林、飯村両君とは会った瞬間から気が合って、今度は四六時中一緒に活動するようになりました。フィルム代稼ぎの商店街PR映画も同じ仲間で一緒にできるようになりました。当時土井ミッチェルという一六ミリのキャメラがあって、不便で大きい機械でしたが、安いから手に入れました。

ちょうどそのころからテレビのコマーシャルが始まって、商店街PR映画よりもギャラがよかったので、高林君、飯村君とテレビのコマーシャルをつくりはじめたのは、ぼくが大学二年になるころです。伊豆半島の旅館のコマーシャルを三人でほとんどやりました。まだ伊豆急電車（伊東↕下田間）もなく、高林君のルノーで下田まで、一キロのアイランプを三つばかり唐草模様の風呂敷に包み、土井ミッチェルを積んで、三人でトコトコ行って、監督、カメラマン、照明を交代で務める。

いまにして思えば素人集団ですから、ホテルの電源を飛ばして、エレベーターの中に客を閉じ込めたり、屋上の給水塔の水があふれて大騒動になったり、そういうドタバタを起こしながらやっていました。

三人で旅館を一つやると一万円ぐらいになって、これは大金でした。一万円あればフィルムは五本買えたので、一人が一本ずつフィルムを買って、その残りで生活をしていました。

三人で八ミリをつくったからといって、上映する場所は相変わらずなく、まだなんのパワーにもなっていません。ただ、飯村君は現代美術とかかわっていたので、彼の発想には初めから映画館で上映するということはなくて、画廊の壁に白いカンバスを置いて、そこに映画を映せば発表できるじゃないかと考えていました。ぼくと高林君は映画館育ちですから、暗闇のスクリーンにかけることしか考えなかったけれども、それはおもしろいなと思って、若い芸術家たちを愛している内科医が新橋に画廊を持っていて、そこで飯村君のフィルム作品の個展をやり、さらにぼくの個展もやったら、これが長蛇の列となり、画廊に入り切れないくらいの熱気のある上映会になりました。

そのころ高林君は、前衛的な映画をつくりつつも、そこは京都のぼんぼん育ちですから、趣味と娯楽のおじさんやおじいちゃんたちとも仲がよくて、その中での変わり者でした。仲間の若い衆がやっているからとパトロンのようになってくれ、彼は公会堂とか小ホールを借りての上映会をすでに二、三回やっていました。ですから、高林君が個人映画上映会というスタイルでやったのが、歴史的には日本で最初だろうと思います。彼がつくる八ミリは変な映画だと思われていたけれども、その作品はモンテカティーニ映画祭でグランプリを取って、国際的に評価されて成功しました。そういうことが時期的にある種の社会的なムーブメントになりつつあったのです。それをドナルド・リチーさんがジャーナリストの立場からフォローしてくれたりして、一九六三年のアンデパンダン（無審査の美術展）になっていくわけです。

ちょうど新宿の紀伊国屋ホールができて、その第一回の催しがフィルム・アンデパンダンでした。日本の社会のなかでホールで何かをやるというふうな、つまりイベントとかパフォーマンスの胎動期《たいどうき》を迎えようというときで、その当時まではホールといえば草月ホールしかなく、草月ホールでは映画館で上映するメインの映画に併映する短編などを、まとめて上映するようなことをやっていました。

松本俊夫《まつもととしお》さんの『映像の発見』という本が出たころで、日本でインディペンデントというと、寺山修司《てらやましゅうじ》さん、石原慎太郎《いしはらしんたろう》さん、谷川俊太郎《たにがわしゅんたろう》さん、山本直純《やまもとなおずみ》さんなどが、好きなジャズに合わせて映像を付けた「ジャズと実験映画の会」を草月ホールでやったのが五〇年代の終わりか、あるいは六〇年代の初めだったか、たぶん日本の実験映画が初めて普通の人の前で上映された時代ではないでしょうか。

紀伊国屋ホールのフィルム・アンデパンダンでは、飯村君が一分間フィルムシヨーをやろうと、六十秒のフィルムを募集しました。映画は一時間半、あるいは二時間内外のものを映画館でやると決まっていた時代に、ホールで六十秒のフィルムをやるのは大変なことでした。残念ながら映画人はだれも出品せず、そのころ彼らは常識的にはそういうものを認めていませんでした。ここへ参加したのが赤瀬川さんとか小野洋子さんの名もあった。そういった現代美術で活躍している若者たちで、映画の世界から参加したのは松本俊夫、東陽一《ひがしよういち》、野田真吉《のだしんきち》さんらで、彼らは当時の記録映画を撮っていた人たちです。

「映像」というとものすごく新しい感じがして、「映画」というと非常に古めかしいものに感じられた時代ですから、これが大変な評判を呼んで、たくさんの人が集まってきました。第一部が六十秒フェスティバルで、第二部に短編を集めたんです。

ぼくは、その第二部に一六ミリで『Ｃｏｍｐｌｅｘｅ＝微熱の玻璃《はり》あるいは悲しい饒舌《じょうぜつ》ワルツに乗って葬列《そうれつ》の散歩道』という十五、六分の映画を出品しました。そこから新しい時代が来たのです。つまり、世間の人たちが画廊や紀伊国屋ホールでわれわれのフィルムに触れて、フィルム・アンデパンダンというジャーナリズムを形成していくことになったのです。そして当時、胎動期だったコマーシャルとの出会いが始まるわけです。

ＣＭの世界と一六ミリの自主製作映画

フィルム・アンデパンダンには同じ六十秒ということで、コマーシャルのプロデューサーたちも観客として参加していました。まだ日本に横文字文化のない時代ですから、コマーシャルは広告で、広告がアートになることは信じられなかったし、広告はあくまでもものを売るための手段でしかありませんでした。

そのころは「新東宝」という映画会社がつぶれかかったりして、日本の映画界も気がつかないところで内部崩壊が始まっていて、少しずつ映画界のエネルギーがダウンしはじめていました。まず映画館でかけられていたニュース映画が、テレビが生まれることによって斜陽《しゃよう》になってきた。そういうところで仕事にあぶれたキャメラマンが呼ばれてコマーシャルを撮る時代でした。まだ宣伝が企業のイメージアップになるとはだれも考えていなかった時代です。

日本はまだまだ貧乏でしたから、食べられるか食べられないかで必死になっているのに、宣伝に金を使うことは考えられもしなかったのです。ようやく東京オリンピックのころから、つまり高度経済成長期が始まる前後ぐらいからだんだん企業にそういう余裕が出てきて、企業がイメージで売っていく宣伝もおもしろそうだというきざしが生まれてきました。映画がだめになっていくのと反比例して少しずつ広告業界が伸びてきたわけですが、問題は人材がいないということでした。

なぜならば、芸術家とはテーマがあって仕事をするものであり、当時の広告は美術でもなく、単にものを売るためのメッセージでしかないから、そこに芸術家が命や美学や情熱をかけるテーマは根っからあるはずがない。そういうものは恥ずかしい、だれにも言えないこっそりやるべきアルバイトである。できればそういうものに手を出さないほうがよろしいという時代です。

それでも中にはある意思を持った人たちがいて、その人たちにも映画に行きたい、小説を書きたい、音楽家になりたいと思っていながら、当時はやや時代に対する疎外感もあったと思いますが、まだ若者でエネルギーがあるし、何よりも自分たちの時代を自分たちでつくるんだという開拓精神に富んでいたから、そういう世界に自ら飛び込んだパイオニアたちが何人かいたわけです。

そこでぼくたちはまず自由に映画をつくる人間として目をつけられたのです。同じ六十秒で何かを表現しようとしているのだから、コマーシャルの世界に来てはどうかと彼らは思ったのでしょう。電通や博報堂などの大メジャーのコマーシャルの世界の人たちも、クリエイターであるという誇りなどはまだ持てなくて、お顧客《とくい》さんにカメラを持っていくと、台所でたくわんにどんぶり飯を食べさせてもらって、裏口から帰るというのが実態だったのです。

それでは、なんともみじめじゃないか、われわれはモノづくりだから、企業と対等に話をしたい。対等に話をするには作家が必要である。つまり映画でいう監督であり、舞台でいう演出家である。そういう人材を求めようじゃないかと彼らは思って、われわれのアンデパンダンを観にきて、これはいけると思ったのでしょう。

まずわれわれグループが電通の若い人に呼ばれまして、のちに局長までやって引退した人ですが、最初に言った言葉が印象的でした。

「これからぼくが言うことで、どうかぼくをなぐらないでください、コマーシャルをやってみませんか」

と。また、彼の目がよかったんです。六〇年代の初頭は何かがこれから始まるぞという感じがすごくあって、みんなが生き生きとしていました。その人はなぐらないでくださいと言ったけれども、卑屈に見えなかったんです。この男は何かおもしろいことを始めそうだなという感じがあったし、同時にぼくらにはフィルムが撮れる場所ならどこでも誘われればうれしくてしようがないのでした。

ぼくは一コマ撮りの世界をやっていたので、コマーシャルの短さに合ったのと、ぼく自身の楽天性がコマーシャルの持っている楽天性に合ったのです。それで、ぼくはコマーシャルをしばらくやることになりました。

まずおもしろかったのは、ぼくにコマーシャルをやりませんかと言ってきた人が、最初にぼくに言った言葉が、

「とにかくヒーローになってください、ギャラをたくさん取ってください」

――だったことです。当時は芸術家に対してお金の話をすることはいちばん無礼なことだったのです。

「あなた、これいくらあげますからやってください」と言ったら、なぐられた時代です。もっとおもしろかったのは、さらにその人が言った言葉です。

「オープンカーに乗って、隣に若い金髪のモデルを乗せて、後部座席に『平凡パンチ』と『朝日ジャーナル』を置いて、銀座四丁目を走ってくれませんか」というのです。これは実に当時の時代の雰囲気をよくあらわしている話だと思います。

ヨーロッパ文化にかわるアメリカ文化が日本にドッと入ってきて、陰りのムードというよりもカラッとした明るさや直截さを文化としよう。そして、ヨーロッパ的伝統に対してアメリカ的活力にこそ価値観を求めようじゃないかという動きが出てきたのです。『平凡パンチ』と、『朝日ジャーナル』はその象徴でした。

ぼくは腹が立ってなぐるよりも、おもしろいことを言う人だなと思いました。ぼく自身が未だスポーツカーに乗って走り回れるような財力もなく、貧乏でフィルムも満足に買えない、ヨーロッパのほうが好きな一人のアーチストにすぎない。

ぼくはそのときに、何かこの人のうしろには新しいエネルギーがあるなという感じがしたので、よし、この人とつき合ってみよう。以降、これはぼくの人生にずっと続くんですが、ぼくはいつでも人間につき合ってしまうんです。その人がおもしろいと思ったら、その人の情熱と夢にとことんつき合ってみようと思うのです。ちょうどそのころの日本の映画界では一本に使えるフィルムの許容量がものすごく減っていました。外の世界の人たちには見えなかったでしょうが、内部崩壊がはじまっていて、同じ一本の作品にかけられる余裕がどんどん少なくなって、その部分でも日本の映画界はやせ細りはじめていたのです。

ところがコマーシャルでは一分のフィルムを撮るのに何千フィートも使うので、映画の何十倍、何百倍のフィルムが使えるのです。映画の一カットはその一カット分の倍も使えなくなっていました。そのフィルムを現像所へ持っていくと、そこではハリウッド映画のようなオプティカル（合成）の光学処理が技術的にできる。日本映画の中ではそんなことはできない時代でした。

そのときにぼくが考えたのは、確かにコマーシャルにはテーマがない、一人のアーチストとして自分の思いを伝えるメッセージもない、しょせんこれはモノを売るためのものでしかないかもしれない。しかし、本当にきれいな空の色、本当にきれいな海の色、木の色、山の色、本当にすばらしい緑やブルーや黄色を再現することはできるだろう。これは人びとにちゃんと訴える、あるいは提供する意味があるんじゃないか。

製作費の貧しさで日本映画の中では、本当はここはきれいな海が欲しいんだけれども、曇り空で撮らざるを得ないという状況にあるのに、コマーシャルでは本当にきれいな海が描けるまで待てる。ここにコマーシャルの一つの価値があるんじゃないか。言葉で語れるテーマやメッセージはないけれども、映像が何かを伝える。いまでは常識といってもいい考え方ですが、当時はそういうことも常識ではなかったのです。

なにしろコマーシャルに演出家が来たから、広告業界にとってこんなうれしいことはない。つまりコマーシャルに対するモノづくりのフォーマットがまだ全然ない時代ですから、来てくれたアーチストに全部任せてくれるのです。ですから、それは大林宣彦のプライベートの作品でよかったのです。ぼくにしてみれば、スポンサーつきで個人映画がつくれる世界だったのです。しかも、それは大変潤《じゅん》沢《たく》な予算でつくれる。確かに言葉としてのメッセージは伝えられないけれども、感性としてのメッセージは伝えられる。よし、コマーシャルは感性の世界でやってみようと思ったのです。

たまたま当時は映像主義がもてはやされた時代で、たとえばフランスのヌーベルバーグやクロード・ルルーシュの映画のように、映画の中にある大変美しい風景が何かを語れる。またアメリカもニューシネマの時代に入りつつあるころで、スタジオ主義の映画からロケーションの映画に、スタジオの中でつくられた、地平線に絵の具で塗られた夕焼け空よりも、実際の夕焼けの空を映そうというころでした。

五〇年代までの劇映画は、風景にしてもモノにしても実際のモノを映すという習慣はありませんでした。実際のモノを映すのは貧しい映画で、本物の映画はスタジオ、夢の工場で撮られるものであるという考え方です。ですから工場で撮られる空は地平線に絵の具で塗られた空です。

『風と共に去りぬ』は一九三九年の作品ですが、あの大作の中でも実際の空は基本的に映っていないのです。全部スタジオのホリゾントに絵の具でかかれた空です。それが大作の大作たるゆえんでした。

そういう嘘の夕焼け空は、ぼくたちにとっては絵空事であって、たとえそれより美しくなくても本物の空を見たい、本物の海を見たいという欲求が映画の中でも起こってきて、そのあたりからちょうどハリウッド映画が崩壊して、ニューシネマあるいは、フランスのヌーベルバーグになっていく。映画が映像というものにとってかわる時期があって、ぼくのコマーシャルがそれと時期を同じくしていったことも大きな要因だったと思います。

おそらく洋の東西を問わず、人びとの欲求の中に、つくられた映像よりも本物の美しさを見たいという思いが強くなってきていたのでしょう。音楽もギター一本抱えてのフォークソング隆盛の時代に入り、美術でもポップアートが始まってくるし、そういう時代の中でコマーシャルが存在していたのです。

ぼくがやっていた文学の世界でいうと、たとえば渋谷駅のホームで自作の「私の詩集」が売られていたことでもわかるように、ガリ版刷り文化というか、日本の同人雑誌に集まる人たちはメッセージやテーマはあふれるほど持っているけれども、芸術家のだれもがそうであるように貧しくて、雑誌を出そうと思えば手書きのガリ版でしか出せない。

そのときにぼくが持った仮説は、ガリ版刷りの同人雑誌は確かにすばらしい内容が織り込まれているけれども、目を悪くするかもしれない。コマーシャルには何も深い内容はかけないけれども、これはアート誌の世界だ。何もメッセージがかけないのなら、アート誌にきれいなブルー、きれいな緑を塗って見せよう。ひょっとすると、これはガリ版刷りの内容と拮抗《きっこう》して、ある感性を人間に与えることができるかもしれない。これをぼくは一つの拠《よ》り所としてコマーシャルをやり始めたのです。

コマーシャルの仕事を始めたら、それこそ日曜日も正月もなくて、現像は暮れの三十一日までやり、正月の二日からはもう動き出して、月に十本ぐらいのコマーシャルをやっていました。コマーシャルでもらったお金で一六ミリの機械を手に入れて、ぼくは『ÉMOTION＝伝説の午後・いつか見たドラキュラ』という自主製作映画をつくりました。

ちょうどそのころ、フィルム・アンデパンダンに集まった仲間に、評論を志していた佐《さ》藤《とう》重臣《しげちか》さんや金坂健二《かねさかけんじ》さんたちがいて、一つの位置を占めていました。アメリカの映画界も変化をして、いわゆるアンダーグラウンド映画が生まれ、一つのムーブメントになる。それまでは明らかに個人が撮る映画はアマチュア映画で、プロが撮る映画はまったく別のものというジャンル分けが歴然としてありましたが、それがアメリカにおいても壊れたのです。

いまお話ししたようにアメリカ映画は工場映画で、完全に人工的な美でつくられる世界でした。それに対して本当の空気が見たいということで、キャメラを持ってオートバイ一台で都会を逃れて荒野へ飛び出したのが、新しいムーブメントとなりました。初期のヒッピーたちが誕生し、そのときに彼らが小型キャメラを持って旅に出たので、その辺からアンダーグラウンド・ムービーが始まって、窒息したようなハリウッドの映画に抵抗して一つのパワーを持ったから、アマチュア映画とはいえない市民権を獲得し、ジャーナリズムを形成したのです。

つまり彼らの表現がアメリカの若者たちのメッセージにもなっていったのです。その動きに呼応してぼくたちのつくっていたプライベート映画が合体するわけです。

ぼくも六六年に『ÉMOTION＝伝説の午後・いつか見たドラキュラ』をつくってアメリカに行ったときに、ここに仲間がいると思いました。ぼくがロスに到着したことが、アメリカ全土のヒッピーたちの新聞に日本から独立作家大林が来たという記事として出ましたが、あれはすごく感動的でした。そのころにはぼくのフィルムもアメリカへ来ていて、それを彼らは見ていたのです。

そのころのヒッピーは、いまの若い人たちが知っているヒッピーとはまったく違って、本当に自由を求めて発言しだした最初の人たちです。彼らはサンフランシスコに居を構えていて、サンフランシスコのロバート・ネルソンのところにぼくが行ったら、ブルース・コーナーという作家がいて、みんな一六ミリで映画を撮っているアマチュアだったんですが、アメリカではアンダーグラウンドの作家たちで一つの組織になっていました。そこで編集していたのが『イージー・ライダー』で、たぶんデニス・ホッパーやピーター・フォンダがいたはずです。

彼らもまだまったく無名で、ぼくにとってはロバート・ネルソンやブルース・コーナーみたいな人のほうがむしろ親しい名前として知っていたくらいでした。見せてもらったフィルムが、あとで映画館で観たら『イージー・ライダー』でした。ドラッグのシーンを彼らが夢中になって編集していました。それはぼくにとっては非常に大きな体験でした。

チャールズ・ブロンソンとの出会い

ぼくは六〇年代、七〇年代いっぱいをコマーシャルをやって、数えた人によると、二千本以上になるようです。七三、七四年までは月に七、八本から十本ぐらいのペースでやっていたから、あり得ると思います。

二、三年したらコマーシャルとは縁が切れるだろうと思っていたのですが、それが二十年もやったのは、ジャーナリズムがクルクル動くことの中にぼくの生き方も同調して、コマーシャルでアメリカ・ロケへ行ってみたら、ヒッピーたちが日本の仲間が来たといって迎えてくれる。つまり仕事の部分とぼくのパーソナルな生き方の部分とが、時代的に同調していたといってもいいでしょう。

車のコマーシャルで初めてアメリカへ行ったときも、日本のコマーシャル・ロケ隊を海外に派遣することはとても珍しいことでした。トヨタがアメリカやオーストラリアで工場をつくり始めた時期で、そのことを企業がイメージアップのため伝えようとしたのです。

そのロケ隊は、監督であるぼくとキャメラマンと実務的なことをやる電通のプロデューサーとプロダクションのプロデューサーの四人でした。しかも、電通から社旗を立てたハイヤーがぼくの家に迎えに来て、電通の局長などが羽田に並んで万歳をして、ハワイ経由で二十時間以上かけてロサンゼルスに行きました。ちょうど『ÉMOTION＝伝説の午後・いつか見たドラキュラ』のダビングの最後の日に日本を発ちました。

そのころのロサンゼルスというのは、いまの人には想像がつかないと思いますが、われわれの通訳をやる人間もいないし、電通の支社も名前だけでした。ロスのダウンタウンに住んでいるキャメラマンのオフィスが電通のロサンゼルス支社となっていて、彼一人とやりとりしていたような状態だったのです。

ようやくつかまった通訳は三十いくつの画家で、日本から来て六年たっていて、それも六年ぶりに日本語を話したので、日本語を忘れているのです。英語も中途半端な時期で、日常のことはわかるけれども、深いところまではわからない。日本語も日常のことはわかるけれども、深いところはわからない。いちばん浅いところでしか言葉を持っていない人になっていた。リトル東京に行くと、まだ屋台のうどん屋が並んでいて、シルクハットにモーニング姿のおじいさんがうどんをすすっていて、そのおじいさんに話しかけても英語でしか答えが返ってこない。

日本人は普通のところではほとんど見ないという時代でした。

ホテルに行っても、ぼくたちは中国人かインディアン（当時の言い方です）と思われて、パスポートを見て日本人とわかったとたんに、「おれの息子はパールハーバーで死んだ」と言われる。ダウンタウンのホテルに泊まって、ハイヤーでハリウッドの大通りを走り、その窓からシナトラやディーン・マーチンが歩いていたりするのを見て、胸をドキドキさせていました。しかし、そこに車をとめて下りるなんていうことはできませんでした。ハイヤーで通過しながら、その窓からハリウッドの匂いをかぐというぐらいでしたが、ぼくたちは決して卑屈にはなりませんでした。

アメリカでは、いま考えると信じられないような大撮影をしました。九十秒のコマーシャルを三本撮ったのですが、四人でグラス・チャーチの空撮までやりました。教会には駐車場があるから、前の晩からプロデューサーが一人で行って、縄を張って、ヘリからの空撮が済むまでは一台も車をとめさせなかったんです。

町に出れば、ヒッピーたちがぼくの載っている新聞を見て、「おまえだ、おまえだ」みたいなことでそのまま連れていかれて、一緒にパーティーをやったり、すばらしい体験でした。

七〇年代になってコマーシャルがジャーナリズムに近づいてくると同時に、外国人のタレントさんを使うブームが来ました。〝黄金の六〇年代〟は、映画も芸術もいろんなものがだめになって、経済だけがパッとした時代ですが、経済と一緒に伸びてきたのは唯一、コマーシャルだけです。

あの時代は各大学で隆盛を誇っていた映研（映画研究会）が力をなくして、コマーシャル研究会のほうがスターでした。オープンカーに乗って、金髪のモデルを乗せて、銀座四丁目を走ってくれという夢が、ようやく十年たって実ったのです。

そのころ、新宿にあった映画館新宿文化の地下に蠍座《さそり》という小劇場ができて、そこでぼくの特集をやろうという話が出た。アンダーグラウンドではありながら——日本映画界とはまったく隔絶した世界でしたが——自分の映画を見せられる時代が来たなということで、ぼくは映画の世界に戻ろうと思いはじめ、『CONFESSION＝遥かなるあこがれ　ギロチン恋の旅』をつくって、蠍座で「大林宣彦回顧展」をやりました。

その時期にちょうどアメリカの映画俳優、チャールズ・ブロンソンとの出会いが起きてくるのです。これでぼくのコマーシャル第二期が始まる。ブロンソンをやろうと最初に言ったのは、ぼくの映画の友達で、大阪の電通のプロデューサーでした。彼は、ぼくのプライベート映画が大好きで、映画でぼくとつき合いたかったけれども、自分も大林さんもコマーシャルをやっている。どこかで道楽で趣味だという面映《おもはゆ》さもあって、いままでは声をかけなかったらしいのです。

そのときの電話の第一声が「大林さん、チャールズ・ブロンソンっていいよね」と言うので、ちょうどブロンソンが『さらば友よ』に出たころで、また映画の話かと思って「いいね」「ブロンソン撮りたくない?」と言うから、「いいね」「ブロンソン撮ろうと思うんだけれども、乗らない?」「ほんとう? いいね、撮ろうよ」、これが始まりでした。

コマーシャル市場でおもしろかったのは、コマーシャル自体がアメリカ指向のものであったにもかかわらず、六〇年代のコマーシャルの美学はまだヨーロッパ寄りでした。とくに化粧品、ファッションはまだまだヨーロッパ指向で、化粧品はヨーロッパの香りということでした。彼はそのときにアメリカの匂いを化粧品につけてやろうと思ったんです。これは大発明でした。しかも、それまでの化粧品は体臭を消すために使われていた。ところが、マンダムという商品のコンセプトは体臭をつける、それもアメリカのじゃが芋のような男の匂いをつける。ブロンソンは当時の醜男《ぶおとこ》の代表で、化粧品のタレントとしては想像もつかないし、スターでもなんでもありませんでした。

ハリウッドではブロンソンに続いてデビッド・ニブン、ソフィア・ローレン、カトリーヌ・ドヌーヴ、リンゴ・スター、カーク・ダグラスなどのスターを使って、オイルショックまではコマーシャルをつくりました。その時期はほとんどハリウッドとヨーロッパの海外ロケで、一年のうち十ヵ月以上が海外生活。ですから、ますます日本の映画の世界が遠ざかり、むしろハリウッドのほうが近くなって、海外生活ばかりという時代がぼくの三十代だったのです。

「東宝」初の、外部人間が撮った『HOUSE／ハウス』

一九七七年ごろになると、どこの国に行っても、日本人の傍若無人《ぼうじゃくぶじん》さが目立ってきました。そのきっかけになったのがオイルショックです。ロスで、ガソリンの使用量を減らすための時速制限が実施されるその日の朝、日本へ帰るためにホテルを出たら、車が決められたスピードできちっと走っているところを、一台だけヒューッと追い抜いていった車がありました。運転していたのは日本人です。ぼくはそのときに、アメリカ人の運転手に、「君たちはよくルールを守るね」と言うと、「だって、おれたちが決めたルールだから」と一言。

ぼくたち日本人はそのルールが決められたら、国が決めて、政府が決めて、押しつけられたんだから、こっそりルール破りをしたほうがいいと思ってしまう。彼らはたとえ政府が決めたことでも、だれが決めたことでも、基本的にはおれたちが決めたことになる、だから守るんだと言うのです。いまはちょっと変わってきたけれども、オイルショックのころまではアメリカも健全でした。

そういうこともあって、だんだん海外へ行くのが恥ずかしく嫌になってきて、日本に帰ってきたころ、日本の撮影所ではまったく映画がつくれなくて、お客さんも来なくなっていました。ぼくは東宝のスタジオとはコマーシャルで二十数年つき合っていて、いろいろな仲間もいました。とくに職人さんたちが非常に親しく仕事をしてくれ、「大林さんみたいな人が映画をつくってくれたら、いいなあ」という声がスタジオの中で起き始めたのです。

その当時の日本映画では、会社の外部の人間が映画を撮るということはまず基本的にあり得ません。しかも、日本映画もだんだん貧しくなってきて、映画を撮るチャンスが少なくなって、若い助監督さんたちが次は自分の番だと思って待ち構えているところに、よそから人が来て撮ってしまうことがあってはいけない。

たとえば、東宝で日活の藤田敏八《ふじたとしや》監督が撮るときも、東宝の監督会が入り口にピケを張って、藤田監督を所内に入れないようにするというくらいだったのです。日活という大手五社の監督ですら、他社の監督として拒まれている時代に、どこにも属さない個人映画の人間が、東宝で映画を撮るなどということは絶対にあってはいけなかったのです。

そのころの映画は、歌が流行るか、原作がベストセラーになるか、あるいは名のあるタレントを使うか、とにかく何か映画以外の話題性があるものしか映画にならないという情況でした。象徴的な映画は『岸壁の母』でしょう。映画は歌がヒットしてから少なくとも二、三ヵ月かかるので、映画ができるころには歌のブームが終わっていて、結局、映画は当たらなかった。映画館に行っても、日本映画にはとくに若い顧客がいない。外国映画には『ピンク・パンサー』とか、大人向きの映画だけれども、ちゃんと子供たちも観にきている。なんとかもういっぺん日本映画の映画館に若い世代を呼び返したいな、それで映画をつくろうかなと思ったのです。

そのときぼくの中にあったのは檀一雄《だんかずお》原作の『花筐《はながたみ》』でした。檀一雄はもともと画家を志望した人だから、『花筐』は非常に絵画的な悲しい物語であり、美的な青春の物語です。これをやろうと思っていたのです。

ところが、そのころスピルバーグの『ジョーズ』が大ヒットして、

「日本映画としても『ジョーズ』のようなあんな映画が欲しい。大林さん、できませんか」

と言われたのです。ぼくの娘の千茱萸《ちぐみ》が中学三年で、たまたま風呂からあがってきて、鏡を見て髪をとかしながら、

「この鏡に映っている私が、私を食べにきたら怖いね」

と言ったのです。サメが襲ったあとに、熊が襲おうと、タコが襲おうと、ネズミが襲おうと、これは同工異曲であって、つまらんなあ。鏡に映っている私が私を食べにくるというのは、『ジョーズ』とはまったく違う発想だし、実に映画的な視覚的なおもしろい話だと思って、ほかに何が食べるかを中学生の娘と話したのです。

「私、ピアノを練習していると、ときどき指が疲れて、ピアノの鍵盤が私に嚙みついてくるような気がする」

とか、ふと天井を見上げて、

「あの電気の傘がいまスーッと頭に向かって落っこちてきたら怖いよ」「あの時計の歯車の中に巻き込まれて、キリキリ刻まれたら嫌だね」

とか、いろんな話が出てきました。これはおもしろいと思って、翌日にシナリオライターの桂千穂《かつらちほ》さんとストーリーにして、「こんなの、どうですか」と東宝に持っていったのです。これがぼくの劇場用映画第一作になる『HOUSE／ハウス』です。

なぜかこの話は非常におもしろいといって、企画会議はいっぺんで通ったのだそうです。ところがさきほどお話しした映画会社内の問題がいろいろあって、すぐには映画にならない。そこで、ぼくは「これは映画化決定ということで、いいですか」と東宝に確認を取って、この原作をストーリーにして少年漫画、少女漫画にする、小説にして出版する、レコードにする、ラジオドラマにする、いろいろなことをやりました。

そのときありがたかったことは、日本映画は変わらなければならないと映画を愛するだれもが考えていて、雑誌社やラジオ局の責任あるポジションにいる人たちが、ぼくの『EMOTION＝伝説の午後・いつか見たドラキュラ』を学生時代に観た世代だったことです。この作品は、当時の日本全国の大学の五分の三が上映したそうです。三年ぐらいはどこへ行っても、上映されたらしい。

そういう人たちが、大林さんが映画をつくるなら協力をしようと言ってくれたのです。しかし、映画化決定から実際に映画になるのに二年かかりました。その二年のあいだ、三日と『HOUSE／ハウス』の記事がマスコミから途絶えたことはなかったでしょう。あらゆる媒体に大林が『HOUSE／ハウス』を撮るという記事が二年間ずっと載り続けました。宣伝費に換算すると大変なものです。

それでも東宝は許可できませんでした。最終的に決まったのはニッポン放送の深夜のラジオドラマで『HOUSE／ハウス』をやったところ、これが深夜であるにもかかわらず、大変高い聴取率で、三大新聞がこの評判を報道したからです。ぼくはヨーロッパでこの報を聞いたのですが、その翌日に、東宝がここまで来たんならやろうと言って、固い財布を開いてくれたのです。

そのときに非常におもしろかったのは、『HOUSE／ハウス』の企画を進めた当時の東宝の副社長だった松岡功《まつおかいさお》さんが言った、

「いま、うちには監督たちもたくさんいるけれども、映画を撮れるチャンスを棚ぼたのように待っている。だけど、大林さんは棚を自分でこしらえて、自分で棚の上にぼた餅をつくって、自分でその下に立って、自分で棚を揺らせてぼた餅を

落っことして、自分で食べている、このエネルギーはすごい、これに賭けてみたくなった」

「しかしながら、大林さん、この話は全然わかりません。私から見て、こんな無内容なシナリオを初めて見ました。わからぬところが、いいんでしょうね。どうか、私にわかるようにつくらないでください」

という二つの言葉でした。いまにして思えば、けだし名言だと思います。

『HOUSE／ハウス』という作品は怪奇映画ですから、ぼくの大好きなイタリアのマリオ・バーバという怪奇映画の監督をもじって、大林ではなくて馬場鞠男《ばばまりお》という名前で発表するつもりでした。アクション映画を撮るならば、ドン・シーゲルをもじって団茂《だんしげる》にしようとか、文芸映画を撮るならばトリュフォーをもじって鳥鳳介《とりほうすけ》にしようとか、自分の映画は一本ずつ全部名前を変えて撮ろうと当初は思っていました。自分の名前にあまりにもこだわると、自分のことしかやらないから、自分の名前を捨てることによって常にだれかのかわりに、世の中の衰えているものをやろうという意識が当時はあったのです。

しかし、二年間も実名で記事が出続けるうちに『HOUSE／ハウス』＝大林宣彦と名前が売れてしまい、やむなく馬場鞠男さんは引っ込めて大林宣彦でつくりました。それが、ぼくの作家的な呪縛《じゅばく》になってしまいました。つまりぼくが作家として『花筐』でスタートしていたら、こういうふうに世の中とかかわり合うこともなかったでしょう。

おそらくもっとマイナーで、いい意味でいえばもっと誠実で、もっと地味で、個人映画の作家としては三年に一本ぐらいの寡作《かさく》で、常時はコマーシャルの製作をして過ごしていたんじゃないかと思うのです。

とにかく、『HOUSE／ハウス』をやるということは、ぼくにとっては持続をさせなければならないということを意味していました。日本映画の世界の中に入るのなら持続してやらなければいけない。そして大林宣彦のこだわりで持続することを越えて、ジャーナリスティックな場所でやっていく。だから、プロデューサー八割、監督二割の仕事にしようということで、『HOUSE／ハウス』の製作はぼくが務めました。

東宝映画で製作・大林宣彦というのはとんでもない話なのですが、ぼくはジャーナリスト的な、いま必要なものをだれかにかかわってやるという意味で、プロデューサー八割、監督二割で馬場鞠男の世界をつくろうというプロジェクトだったのです。二割といえども、作品の全責任はぼくにある。八割が包装紙で二割の中身を顧客がどう感じてくれるかということに賭けてみようという映画づくりでした。

三十九歳の新人監督として

『HOUSE／ハウス』は完成し、いよいよ封切られたら、本当に十五歳以下が映画館に駆けつけたんです。二年がかりのキャンペーンで、待ちに待っていてくれたのです。山口百恵《やまぐちももえ》・三浦友和《みうらともかず》映画と併映、いわばレコードのB面扱いだったのに、渋谷の映画館では二週目からひっくり返って、『HOUSE／ハウス』のほうが本命になったりしました。池袋のある東宝の映画館主から電話がかかってきて、

「大林さん、見せたいですよ、駅まで並んでいますよ、でも見事に十五歳以下ばっかりです」と。

そういう栄光と同時に、ぼくは責任も引きずって、映画人からはコマーシャル

のような映画だとか、あんなものは映画じゃないとか言われました。しかしぼく自身も、これは日本映画のコマーシャルをつくっているんだ、日本映画の映画館にもう一度観客を戻そうという意識でつくっていたのです。

その当時にぼくと同じ意識で映画とかかわっていたのが角川映画の社長・角川《かどかわ》春樹《はるき》さんでした。彼はおそらく真っ当な意味でぼくのアクションを評価していたと思います。ぼくは自分でデザインした『HOUSE/ハウス』のポスターの絵を名刺に刷り込んで持って歩いていて、その名刺をたまたま春樹さんがどこかで手に入れて、日本映画にもおもしろい人間がいると、お互いに陰ながら意識をし始めたわけです。そのことがその後、角川映画との結びつきになっていったのです。

ぼくの劇場用映画第一作『HOUSE/ハウス』はいわばジャーナリスティックな映画づくりをした作品です。ぼくは、そのことによって結果的に世間的には憎まれっ子になり、とんでもない映画をつくっているハチャメチャなやつと見られつつも、そういうエネルギーがどこかで映画界に一つの活力を生むと考えていました。その当時は外部の人間がそういうスタイルで日本映画を撮り、持続をしていく力をつけるためには、しかもそのときに名のある原作、名のあるスター、あるいは流行歌その他もろもろの映画以外の条件を借りないで仕事をしようと思うと、自分自身をスターにするしかありませんでした。

スターというのはスキャンダラスな存在ですから、途方もない何か変なことをやりだす力を自分でつけるしかなかったのです。そのことによって本当の意味での誠実さとか信頼が失われてしまうかもしれないけれども、まあいいや、捨て石になるならなろうというぐらいの気持ちがありました。

そういう中で、八ミリ少年の大森一樹《おおもりかずき》君が松竹で撮る、あるいは森田芳光《もりたよしみつ》君が撮るというような、日本映画にも外部の才能がどんどん入ってきて新しい展望が開けていった。その風穴をあける役目を務めたんだから、風通しさえよくなればいい、ぼくがあけたのは穴だから、穴は何も残らなくてもいいんだというぐらいの気持ちでした。

ところが、ぼくの『ＨＯＵＳＥ／ハウス』はそういうことを世間が求めていた部分もあって、ブルーリボンの新人賞や、地方の映画祭で賞をもらいました。そのとき舞台挨拶で「お見かけどおりの若い新人です」とあえて挨拶をしたぼくは三十九歳、遅過ぎたデビューです。この頃の新人たち、つまり大森君だって森田君だってみんな二十代で撮れたんですが、ぼくはそのときすでに三十九歳で、決して若くはありませんでした。

ぼくが『HOUSE／ハウス』をやったときに一つ感動的だったことがあります。ぼくがコマーシャルをやっているあいだずっと一緒に音楽をつくっていた小《こ》林《ばやし》亜星《あせい》さんと、

「大林さん、早く映画をつくってよ、ぼくは大林さんの映画の音楽をつくるから」

という約束があったのです。六〇年代、七〇年代に大林はいつ映画をつくるんだということをみんなが期待していながら、ぼくはなかなか映画をつくりませんでした。

みんなを待たせたのは理由があって、ぼくはみんなを犠牲にして一本の映画をつくることはしたくなかったのです。独立プロで、ぼくがやるならと、ただで手伝ってくれる仲間はいっぱいいました。みんなが無料で集まって好きな映画を一本つくるのはいいけれども、それじゃ徒花《あだばな》になるだけだと思って、ぼくは手を出

さなかったのです。

『ＨＯＵＳＥ／ハウス』がようやく軌道に乗って「亜星さん、お待たせしました」と言ったときに、亜星さんが、

「大林さん、遅過ぎたよ、ぼくはもう若い音楽はかけないですよ。だから、ぼくより若い人にやってもらおう。残念ながら彼らのほうがいまの感覚に合っているから。ぼくは曲をつくるけれども、アレンジや演奏は彼らにしてもらうし、テーマ曲以外の映画音楽は彼らにやってもらおう」

と言って、当時は無名のゴダイゴを連れてきてくれたのです。ぼくはゴダイゴというグループを聞いたことがなかったけれども、ゴダイゴの演奏する亜星さんのテーマ曲を聞いたときに初めて、亜星さんの判断は正しかった、この音楽の感性はぼくらにはない新しい時代のものだと思ったものです。

もし『花筐』なら亜星さんがやったかもしれません。でも、『ＨＯＵＳＥ／ハウス』は若者向けのプロジェクトで、これに参加するには自分の感性は年をとり過ぎたという亜星さんは素敵でした。それによってゴダイゴの演奏する曲は大ヒットし、彼らはスターになっていきました。

この映画のプロジェクトでとてもおもしろかったことは、日本映画で初めてといっていいと思いますが、映画より先にレコードができたことでしょう。レコード会社のほうが、東宝の映画化決定ということだけでレコードを出してくれましたから、撮影現場ではゴダイゴの曲をかけながら撮影している状態でした。それからいまでいうスタイリストが映画についたのも、たぶん『ＨＯＵＳＥ／ハウス』が初めてだったでしょう。

撮影所の中にはスタイリストの存在もなく、また撮影所内部のいろいろなことのために、ぼく自身が恭子さんとＰＳＣという会社をつくりました。ＰＳＣと東宝との合体で、ぼくが製作者として映画づくりをひっぱっていくことで、音楽も先に出し、スタイリスト、あるいはメークアップもその人と一緒にやることができたのです。

それまで日本の映画界は、プログラム・ピクチャーをたくさんつくるシステムしかありませんでした。たとえば、着ている洋服と持っているハンドバッグの担当が違うので、ひょいと合わせたら全然コーディネートができていない。それでも持ち道具と衣装とは合わせるときに検討できるけれども、その人がある部屋に入ってきてソファーに座ったら、その色調が全然合わないということもある。そういうことを全部統一しようというのでスタイリストをつけたのです。『HOUSE／ハウス』の場合はジュウタン、カーテン、ソファーの色から、衣装や持ちもの、ヘアスタイルまで全部をひとつのクリエイティブな統率の下に置いたわけで、結果的に撮影所の機構改革みたいなことになったのです。

撮影所は非常におもしろいところで、タオルと手拭いも持ち場が違う。日本手拭いは衣装部さんで、衣装と一緒に出すもの。タオルは衣装ではなくて、小道具になります。よくわからない新人の助監督さんが、間違って手拭いを小道具さんにもらいにいくと叱られるし、タオルを衣装部さんにもらいにいくと叱られる。

確かにプログラム・ピクチャーを大量生産していたときは、そういうふうにパートを分けておかないと、こんがらがるということがあったけれども、そのことがいつのまにか映像の中で非常にちぐはぐな世界を生んでいたのです。その辺を統合しようということを日本映画で初めてやりました。

日本映画で初めてのことはまだありました。たとえば現像所のオプティカルは劇映画担当のオプティカルとコマーシャル担当のオプティカルがあります。ぼくたちが二十年間コマーシャル担当のオプティカルと仕事をし、また海外へ行っては外国のラボのいろんな技術を学んできては日本のラボに知識を与えていくことで、コマーシャルのオプティカル技術ははるかに発達していました。

しかし、劇映画では当然オプティカル費用もありませんから、単純なことしかやっていなかったため、そういう技術はほとんど進んでいなかったのです。ですから『ＨＯＵＳＥ／ハウス』では現像所もコマーシャルの部隊がこの映画を担当するシステムでやりました。

なかでもいちばんの改革は、スタンダードのパナビジョンのキャメラをぼくたちが日本へ入れたことでしょう。それまではシネスコのパナビジョンでした。そのときのパナビジョン・キャメラがどうやって開発されたかというと、そのころアメリカでは『イージー・ライダー』のように〝一万ドルムービー〟、〝シネ・モービル・システム〟といって、ローバジェット（低予算）で一台の車の中に照明機材からカメラ機材から全部一パックにして西部で映画を撮ることをやり始めていました。ピーター・フォンダの『さすらいのカウボーイ』が、そのパナビジョン・キャメラで撮影された作品です。

パナビジョン・キャメラ自体は非常に高価で、しかも購入ではなくてレンタル専用ですから、技術者がパナビジョンの本社へ行って、使い方の訓練を一週間受けて借り出すというものでした。

ぼくたちはブロンソンのコマーシャルなどですでに経験ずみでしたが、本来はローバジェット用の映画を撮るのに便利なキャメラです。キャメラ自体は高いけれども、レンズの性能がいいので、極端にいえば照明が半分ですむ。それまでの、大ステージに助監督がいて、大きなボードでカチンコを打ってというふうな撮影所システムとは違って、パナビジョンはキャメラマンの助手さんがレンズの前でカチンコを入れる。つまり少ない人数で映画を撮るためにつくられたキャメラです。

当時は五人編制で、重たいミッチェルというキャメラを担ぐだけで少なくとも四人は必要だったのに、そのキャメラを持ってくることによって、二人で担げる。そこでこのローバジェットの映画をつくれるキャメラを持ち込んで、システム改革をしようと試みたのですが、東宝は日本のメジャーとしてのシステムがありますから、やっぱりミッチェルと同じ体制で組む。その結果、高いキャメラを借りた分だけ高くついたというばかな話になってしまいました。

やはり日本の撮影所の中でスタッフの生活権を尊重しなければいけないという部分もあります。ただ、ぼくたちは若かったし、そういうむだをなくしていくことで映画の中身にお金がかけられるとアプローチをしたわけです。それも貴重な第一歩で、そのキャメラはそのまま東宝で、市川崑《いちかわこん》さんがお使いになりました。

日本映画で初めての試みをいろいろしながら、ブルーリボン賞のパーティーのとき、ぼくは挨拶の締《し》めで「野球でいえばライトで八番です」という宣言をしました。それが、そのときのぼくの美学だったのです。

第三章

ぼくの映画づくり——最初の「尾道三部作」を中心に

角川映画との出会い

『HOUSE／ハウス』に続いてすぐ、手塚治虫《てづかおさむ》さんの『瞳の中の訪問者』を撮りました。ぼくの映画を語るときには、手塚治虫さんの存在を必ず語らなければなりません。ぼくが物心ついて、自分で映画をこしらえたり、モノを書いたりしていたころ、神様は手塚治虫さんでした。

ぼくが小学校二年生のころ、『毎日小学生新聞』に、「テヅカオサムシさんというイガグリ頭の十九歳のお兄さんが作者です」と紹介されて、漫画が掲載されていました。最初の作品は四コマの『マアチャンの日記帳』で、その後、『AチャンB子チャン探険記』が始まりました。漫画といえば、普通、四コマで完結する時代に、毎日毎日ストーリーが連続する漫画が連載されました。

ぼくは『マアチャンの日記帳』やその当時の横山隆一《よこやまりゅういち》さんの『フクちゃん』

などは、四コマずつ切り抜いて、大学ノートに貼りつけて本にして、大事に取っていたんですが、『AチャンB子チャン探険記』だけはそれでは似合わないので、はたと気がついて、タテにつないで一巻の巻物にして、フィルムのように見ていました。ぼくが中学生、高校生になり、美術が得意になったころにつくった映画は、削って真っ白になったフィルムに手塚さんの『ロスト・ワールド』や、初期の作品をアニメーションにしたものでした。

その手塚さんの原作の『ブラック・ジャック』をやらないかという話が二本目となるわけです。

手塚さんの漫画家としての最大の発明は、ストーリー漫画をつくったというわかりやすい部分に目がいくでしょう。けれどもそれ以上に、手塚さんにとっての漫画とはなんだったのでしょうか。手塚さんの作品は言いかえれば単に漫画じゃなかった。手塚少年が戦争中、それこそ夢見ることもいっぱいあって、映画が大好きで、でも戦争が激しくなって、自分の明日はないだろうというとき、大学ノートを取り出しては、自分の思いや自分のストーリーをまるで映画のようにノートにかきつけていった。それが『ロスト・ワールド』というストーリーだったのです。

これは当時のアメリカ映画やヨーロッパ映画を一緒にしたような内容のもので、大人の話です。

たとえば、『ロスト・ワールド』の中に出てくる重要な豚《ブタ》藻《モ》負児《マケル》というキャラクターがあって、この博士はデブでハゲで女にもてない。この人が恋人やお嫁さんが欲しくて、植物からあやめさんともみじさんをつくる。まず一人をつくって、ぼくのお嫁さんになれと言うと、あなたは私をつくってくれた人だから、お父様のように尊敬するけれども、男として愛することはできませんと言って断る。また、もう一人植物から人間をつくるけれども宇宙の星に飛んでいくときに食べものがなくなって、悪漢のアセチレン・ランプに食べられてしまう。これは、はっきりいって強姦《ごうかん》のイメージです。

のちに手塚治虫さん自身も告白していますが、自分の中のドロドロした部分をたたきつけたくて、漫画をかいていた。手塚さんの身内に沸き上がるエネルギーというか、性というものを、漫画にかくことで浄化していた。だから、漫画をかかなかったら、もっと悲惨だったかもしれない。しかも、手塚さんが漫画をかいている横には、いつも妹さんがいて、この妹ぐらい自分にとって怪しくてミステリアスで、セクシーな存在はなかったと手塚さんはおっしゃっている。手塚さんはシスター・コンプレックスだったんです。

ぼくは、この世の中にはマザー・コンプレックス型の作家とシスター・コンプレックス型の作家がいて、ぼくと手塚さんを結びつけたものはまさにシスター・コンプレックス型の作家の特質だったと思うのです。それが、ぼくが手塚漫画を愛してしまったいちばんの理由でした。

そういう共感の中から手塚漫画を二本目にやることになったのです。手塚さんの漫画は妹さんの落書きをそのまま引用したヒョウタンツギという妙なキャラクターが出てきます。あまりにも物語が過剰になって、ちょっと逸脱しそうになったときにお兄ちゃん、ダメよとたしなめるように出てくる。

当然ぼくは、『瞳の中の訪問者』の中でこのヒョウタンツギをどう出現させるかが大テーマになって、主人公が永遠の愛を誓うといういちばん激情的なロマンチックでさびしい切実なシーンに出した。これで、また日本の大人の映画人たちに大林は何をやっているんだ、と言われるほどの騒ぎをやってしまう。いってみれば、子供たちの信頼は得たけれども、心ある人たちを除いては、大人たちには、ひどいコマーシャルだか漫画だかわからないような映画をつくっていると言われました。

そういう情況の中で、次に『ふりむけば愛』という〝百《もも》・友《とも》映画〟をやることになったわけです。

山口百恵と三浦友和が初めて出会ったのは、ぼくのコマーシャルでした。山口百恵に初めて会ったのは、ホリプロに入ってまだ売れ先も決まっていなかったころです。

そのころ、ぼくは『さびしんぼう』という映画をつくりたくて、さびしんぼうになる少女はだれだろうと探して歩いていたら、ホリプロのプロデューサーから、うちにいい新人が入ったから会ってやってくれないかと言われて、会ったのが十三歳の山口百恵でした。学校帰りでセーラー服を着ていて、非常に額の広い利発な女の子で、

「将来どんなふうになりたいか」と聞いたら、

「歌って演技もしたいから、ミュージカル映画のようなものをやりたい」と答え

る。

当時の日本の若い娘にとってはミュージカルは一つのあこがれで、『サウンド・オブ・ミュージック』のような映画に出られたらいいなというのが、平均的な少女の答えでした。

ぼくの『さびしんぼう』はお金もなくてうまく進みませんでしたが、彼女のコマーシャルを撮ってほしいということになりました。相手役の青年には、百恵の夢見る白馬の騎士の役として三浦友和君が紹介されてやってきました。彼は意志の非常に強い子で、二人を引き合わせてみたら、そのよさがどんどん出てきました。結婚するまでの七年間、ぼくは彼らのコマーシャルを撮り続けました。

山口百恵を映画デビューさせようというので、最初の企画はぼくの『さびしんぼう』でしたが、新人のデビューだし、しかもぼくは『HOUSE／ハウス』を撮る前ですから、むずかしいということで、山口百恵は、『伊豆の踊子』や『潮騒』という安定した文芸路線に出演していくことになります。大ベテランの西河《にしかわ》克己《かつみ》監督が担当して、リメイクものをずっとやって、八本目に初めて百恵のためにオリジナル作品をやろうということになったのです。

しかし、『さびしんぼう』をやるには彼女は年齢も行き過ぎていました。その当時、まだ新人ライターのジェームス三木《みき》さんとぼくは『瞳の中の訪問者』で組んでいて、大変気心も合っていたので、今度はオリジナルのラブロマンスをやろう。ただ、この題名にしても、最初に考えられたのは『愛と……』というものばかりで、シナリオを練っているときにふっと、「三木さん、おさななじみでずっといて、恋人ともなんとも思わないでいた女の子が、ある日ヒョッと振り向いたら、自分にとって、いちばんいとおしい人に見えることってあるじゃない」という話をした。

そのとき三木さんが「なるほど、ふりむけば愛なんですよね」「ああ、それはいいですね」ということで決まりました。

『ふりむけば愛』にかかったときに、三木さんに言ったんです。あなたのシナリオどおりに撮るけれども、シナリオどおりに撮ったところで「カット」と声をかけないで、そのままカメラを回してみる。そのなかで彼と彼女が何を演じ出すかを誘うようなシナリオをつくろう。二人が日本とサンフランシスコのあいだを往ったり来たりしながら、会ったり離れたりする。このシナリオは列車の時刻表みたいだと言いながら書いていて、そのとき三木さんが、「こんな本を書いたら、二度とライターとしての注文が来ないよ」と言ったことを覚えています。

しかも、百恵・友和がやるという前提で書かれているシナリオですから、まさにこれも『HOUSE／ハウス』同様、無内容この上ない。また、シナリオに書かれたことのカットじりを映画にしていこうという話ですから、まさに典型的すぎるほど典型的なストーリーで書いてありました。

『ふりむけば愛』のストーリーは、サンフランシスコの風の強いゴールデンゲート・ブリッジの見える丘の上で、哲夫（友和）は「哲夫」という自分の名前を書いた凧を強風の中で揚げている、そこに杏子（百恵）が来て初めて出会う。それからすれ違いがあったりいろんなことがあって、結局杏子は結婚して新婚旅行でサンフランシスコに戻ってきたけれども、どうも自分が考えている幸福とは違う気がして、傷つけ合った哲夫のことを思いつつ、その丘に登ってくるというのがラスト・シーンです。

シナリオでは「坂道、杏子登ってくる」と書かれていて、その日も強い風の中を百恵が杏子になって登ってくる。そのときにぼくたちのカメラのはるか彼方のゴールデンゲート・ブリッジが見えるところに実際に友和君がいて、今度は「杏子」という文字を書いた凧を懸命に揚げている。そこを登ってきた杏子はカメラ越しに、はるか向こうの豆粒のような友和君をいやおうなく目線の先に見ている。

杏子が登ってきて、普通ならそこでカットであるが、ぼくは「カット」と言わないで、ずっとカメラを回している。カメラの前で百恵が立って、はるか向こうの友和を見つめている。そうすると、彼女の唇がフッと開いて、言葉が一つこぼれて、「よかった」と言ったんです。

この「よかった」という言葉の中にいろんな思いが込められている。つまり七年間育ててきた愛を押し進めてよかったという百恵自身の思いと、このドラマの中での杏子がここで許し合って、二人一緒にいこうという「よかった」とが結びつき合って、目には涙があふれている状態です。

それでもカメラを回し続けて、とうとう耐え切れなくなって、百恵だか杏子だかわからない少女が友和のほうへ駆け出そうとする。駆け出されたらぼくらは追いつけないから、「モモエ、ちょっと待って」と、そこは彼女もキャメラが回っている前で演技をして、虚実の真ん中にいるので、パッと待つ。待っているあいだにキャメラマンは三脚からキャメラを外して肩に担ぎ、照明はレフを持って駆け出す態勢になっている。

「よし、行け」と、百恵は友和に向かって駆け出す、キャメラも照明も一緒になって駆け出していって、友和のところに百恵が行って、友和に飛びつき、友和の手から凧糸が離れて、「杏子」とかかれた凧はスーッとゴールデンゲート・ブリッジのほうへ吹き飛ばされていく。百恵は友和にかじりついている。その二人の姿を映して、キャメラがグルーッと回ってはるか向こうに消えていく凧を映して、よーし、これでいいだろうと思って、ぼくは「カット」と声をかけようとしたら、その前にコトンと音がして、キャメラの中のフィルムが撮影し終わったことを告げていました。ですから、ぼくはとうとうそのシーンは「カット」という声をかけませんでした。

冗談にぼくは、「おれがカットという声をかけなかったから、君たちはそのまま結婚して、子供二人つくって、幸福に暮らしているね」と言ったことを覚えています。

このようにして『ふりむけば愛』という映画ができ上がったのです。

『金田一耕助の冒険』と『ねらわれた学園』

前にも触れたように角川さんは、非常にぼくに関心を持っていたそうです。しかし、角川さんは軽率にぼくに声をかけることはなくて、市川崑さんとか、ベテランと組んで犬神家や金田一もの、また、『野性の証明』などを製作されていました。

ある雑誌で角川さんと友人の石上三登志《いしがみみつとし》が対談し、またぼくと石上三登志が対談をするという日本映画の特集号があって、その中でお互いがわりあい本音で、ぼくは角川氏を認め、角川氏は大林を認めるという往復レターみたいな形になったのです。

そこで、角川さんが、「大林さん、一度組んでみますか」と言ったんだけれども、それまでに三年間待ったというのは、角川さん流にいうと、一本の映画にスターは一人でいいという信念があったのです。当方は角川春樹がスターで、スターは二人要らないということで、お互い友情を持ちながらも距離をとっていました。やっと『金田一耕助の冒険』を撮るときに初めて一緒にやろうということになりました。

『金田一耕助の冒険』は、最後の最後の金田一耕助ものという大パロディー映画でした。当時の角川映画は大作だけれども、内容がない、観客動員はするけれども、観客の信用をなくすというのが世間的な評価でした。この映画の中で角川さん自身が原作者の横溝正史《よこみぞせいし》さんのところへ、トランクいっぱいお金を詰めて原作料を払いにいくというシーンがあります。角川さんが横溝さんに「先生、原作料です」と、大きなトランクを渡す。あけると、札束がいっぱい入っている。その札束を、ボーンと横溝さんが取り上げると、映画の小道具の札束で、表と裏は本物ですが、中は真っ白。それを横溝さんが、「中身が薄いですね」と言うんです。これが最大のパロディーです。

こういうシーンをつくることについて周りは非常に心配しましたが、角川さんは「ぼくは、角川映画がそう言われているんだから、やっぱり自己批評することがパロディーではいちばん大事だ」と言って、おもしろがって、そのシーンに出演してくれました。

当時の角川映画は、すべて角川さんの意思と好みでコントロールされていて、撮り直しなども年中あるので、いろいろ大変だと聞いていました。ところが、

『金田一耕助の冒険』に関してはまったくそういうことはありませんでした。はじめの一週間ぐらいは角川の人がいつも現場に来ていましたが、そのあとはまったく来ませんでした。

あとで聞いたところ、担当の人が現場から帰って毎日角川さんに報告するんです。その中で、ぼくはすっかり忘れているけれども、みんなで野原でお弁当を食べていたときに、照明部さんがレフ板を飛び越えていった。それを見とがめたぼくが、

「おい、君にとってのレフというのは、武士にとっての刀のようなもので、その上を飛び越えていくことは無礼じゃないか。そういうことをしちゃいけないよ」

と言ったんだそうです。その話が角川さんに伝わったとき、角川さんが、

「何というありがたい監督がうちの映画をつくってくれているんだろう。あの方にすべてお任せしなさい」

と言われたとか。現場から角川の人もいなくなりました、これからあとは角川映画とぼくとは至福のときでした。

『金田一耕助の冒険』はひんしゅくの極《きわ》みみたいなもので、宣伝コピーに「これ

でも映画か」というのをオリジナルでつくり出したのが、映画評論家となった野《の》村正昭《むらまさあき》さんで、ぼくはそれに宣伝コピー賞として賞を渡したエピソードがあります。角川映画の持っている本質もジャーナリスティックなエネルギーも、作品のあえていう無内容さも、つまり日本映画的な内容ではなくて、違う意味での内容を持った映画でした。

日本映画の通念の中ではとんでもないものではあったに違いありませんが、ぼくなりのロマンチシズムもあるし、そういう意味で好きな映画ですし、また角川映画と組むというジャーナリスティックな効果もあったと思います。

それから角川さんとの妙な友情が始まるのです。そのころ角川さんに「あなた、どんな映画が好きですか」という話をしたときに、ハリウッドのいわゆるB級映画と称されるアラン・ラッドが出た映画みたいなのが大好きだというのです。アラン・ラッドは当時のハリウッドでは暗黒街映画から西部劇から海賊映画から、ありとあらゆる映画に出ていて、ハリウッド・エンターテーメントの縁の下の力持ちみたいな存在で、まさにB級映画の王者でした。角川さんは、そういう映画を大変愛している映画青年でした。

そんな角川さんを、ぼくが非常にバランス感覚のある人だなあと感心したのは、「ぼくはいま、本屋のおやじ（出版社の社長）です。本屋のおやじが、映画が好きだから映画をつくっていますと言ったら、全国の本屋に対する裏切り行為でしょう。だから、ぼくが世間に対して言える言葉は、本を売るために映画をつくるんですとしか言えない。そのことによってぼくはどんなに誤解されているかもしれないし、ひょっとすると映画嫌いが映画をつくって、本を売って儲けようとしているとしか思われていないかもしれないけれども、まかり間違ってもぼくは映画が好きで映画をつくっているとは言えない立場にある人間です」

という話を聞いたときでした。

「お主《ぬし》できるな」と、つまりぼくがいちばん好きな我慢の美学です。自分がみっともなく見えても、自分のその世界の入り方に対しての筋を通す。この人はいいロマンチシズムを持っているという共感がぼくにあって、この人とはつき合ってみようと思ったのです。

ぼくが角川映画で、つぎに取り組んだのは、薬師丸《やくしまる》ひろ子主演の『ねらわれた学園』です。この映画は「大林さん、『ＨＯＵＳＥ／ハウス』をもう一回やりませんか」「電気紙芝居ですね、やりましょう」ということで、ただただ薬師丸ひろ子をアイドルとして育てるというプロジェクトに乗っていくという作品でした。ぼくの唯一の〝アイドル映画〟です。

『ねらわれた学園』で薬師丸ひろ子は大タレントになりますが、キャンペーンの最中に行く先々でファンがふえてくる、まさにアイドルが誕生する過程を体験しました。薬師丸ひろ子自身が、あの映画でファンがふえましたと述懐しているけれども、薬師丸ひろ子の作品歴の中では一本だけ違うタイプでしょう。あの子は日本古来の女優タイプで、猫背です。そういう比較でいうと、のちにぼくの『時をかける少女』に出演することになる原田知世《はらだともよ》は、友和君と同じような背筋の伸びるタイプです。

俳優には二通りのタイプがあって、猫背タイプはひとり言で演技ができるタイプ、背筋を伸ばすタイプは対話型で演技をするタイプです。当時、日本ではショーケン（萩原健一《はぎわらけんいち》）、桃井《ももい》かおりなどが活躍していた時代でしたが、どちらも猫背型です。薬師丸ひろ子もデビュー時からそうで、『ねらわれた学園』だけはなぜかそういうものを見放して、ぼくはアイドルのお人形さんとして演出して、そのことが彼女をアイドルにしたわけです。

『転校生』

少年時代に尾道で過ごしてきたけれども、その後ぼくは東京へ出てきたわけで、よもや尾道へ帰って映画を撮ることが起ころうとは、予想もしていませんでした。『さびしんぼう』もテーマとしては持っていましたが、これを実現するとすれば伊豆の大島のあたりで撮るのかなという感じを持っていました。

オリジナルの『さびしんぼう』は、海を見つめている一人の少女がいて、その少女を見つめていると、なぜか「ぼく」はさびしい気持ちになる。「おーい、さびしんぼう」と声をかけると、少女はこっちを振り向く。そうすると、その少女の顔がすごく明るくて、「なぜ私がさびしんぼうなの」と聞く。「うん、君の顔が明るければ明るいほど、なぜかぼくはさびしくなるんだ」というのが、テーマでした。

ですから海と、火山灰のような山とがある風景で考えられた話でした。一人の少女と一人の少年が登場する、まさに『ポールとヴィルジニー』の世界です。

この『さびしんぼう』はぼくのパーソナル（個人的）な企画でしたから、つまり『花筐』と同じようにもっとも遠いところにある映画だと思っていました。

角川さんとも一緒に仕事をし、そして大森君や森田君たち若い人たちが活躍しはじめたので、これで一仕事終わったかなという気持ちになりました。そのころ、また『花筐』や『さびしんぼう』のようなパーソナルな映画を一六ミリで撮ろうという気になって、一週間ぐらい休暇をとって珍しく夏休みに尾道にいたのです。

そのときにシナリオライターの剣持亘《けんもつわたる》君が、児童読み物作家の山中恒《やまなかひさし》さんの『おれがあいつであいつがおれで』を持ってきて、「これを読んでみてくださいませんか」と渡してくれたのです。

ぼくがその本を読んだのが、たまたま海の見える別荘のベランダの日差しの中で、ページに映る太陽の光、そしてめくられるページの向こうにある青い海、つまり尾道の空気感の中で読んでしまうわけです。読むと同時に、これは自分の映画だと確信したのです。『おれがあいつであいつがおれで』は小学校高学年が対象の読み物ですが、これは自分の映画だと思った理由は、つまり手塚治虫さんの作品に感じたものと同じものだったからです。

この山中恒という作家は、子供の肉体を借りて大人の話をやっているな、つまり大変純粋プラトニックな愛の形をとっていて、その根っこにあるのは愛の心理劇だ。そのときには、ぼくはまだ山中さんという方をよく存じ上げなかったのですが、その本の作者の紹介を見たときに、児童文学者でなくて児童読み物作家であると書いてある。これでピンと来たのです。

これはあとで山中さんに確かめたことで、山中さん自身が、

「児童文学者というのは、功なり名を遂げた大人が子供たちに対して意見を言ったり、押しつけたり、大人の尺度で子供たちを教育しようといううさん臭さをぼくは感じる。ぼくはそんな立派な大人ではないし、子供たちに意見ができるような人間じゃない。むしろ子供よりも悪いやつで、子供よりもいい子で、子供よりも好奇心が強くて、子供よりもガキ大将だ。子供よりも夢を信じているし、子供よりもだれかを殺したい、そういうやつなんだ。そういうぼくが子供に負けないように生きるために、子供を相手とした児童読み物をぼくは書いている。子供ぐ

らい恐ろしい読者はないよ、大林さん」

と言われました。これは手塚さんと同じ言葉です。ああ、またここにぼくがいたという共感です。

そういう目で見ると、『おれがあいつであいつがおれで』というのは、男の子と女の子が入れ替わる話ですが、山中さんの言葉を借りると、最初は子供がばばあを十二回殺す話だったそうです。そんなものを子供に読ませるんだから、怖い話です。

ぼくの子供時代のじいさんの屁の話は、山中さん流に言えば、じじいをぶっ殺してやりたいような話になる。子供と年寄りのコミュニケーションの中にはそういう衝動がありつつ、相手を理解したいという欲求がある。ばばあをぶっ殺すということが現実にあり得ない時代には、その言葉がそういうリアリティを持っていた。いまはこんなことを言うと、本当にぶっ殺しちゃいそうだから、危なくて逆に言えなくなったんです。

さすがに雑誌の編集者も毎回ぶっ殺されては困りますというので、「わかった、それじゃ、おれがおれをぶっ殺すよ」と山中さんは答えて、自分をぶっ殺す話にしたんです。おれをぶっ殺したら何もなくなると考えないのが、ぼくや手塚さんや山中さんの得点主義で、ぶっ殺したら何になるかということです。

男が男をぶっ殺したら女になり、大人が大人をぶっ殺したら子供になるという論理です。ばばあを殺す話は、ばばあなんか理解できない子供であるということの表現であったわけで、言葉を正しくいえば、ぼくがぼくであることを見つけるということです。

おれをぶっ殺す話は、逆にいえば、おれがおれであることを見つめ直してくれないかということであるのです。同時に、おれがおれをぶっ殺すということは、君をぶっ殺すことかもしれないから、君のことも考えてやろうじゃないか。そこで、男と女の問題が出てくるのです。

物語というのは一人では出発しないわけで、必ずだれかとだれかの物語になる。それをつきつめれば、この世の中には男と女しかいないから、男と女の話になる。これは永遠の未知なるもので、そして永遠に必要なもので、いとおしいもので、いちばんのドラマになります。でも、男は女を請け負えないし、女は男を請け負えないという関係の中で愛というものが生まれるのです。

ここからが、ぼくの映画の本質的なテーマになってきます。

たとえば「我思う、故に我あり」という言葉は、すばらしい哲学者の言葉として子供のころから教わってきたけれども、どうもぼくはこの言葉に不信感がある。「我思う、故に我あり」は哲学的にはすばらしい言葉かもしれないけれども、ぼくの実感の中にはない。ぼくなりに実感がある言い方は、「我あなたがいるが故に我あり」です。

あなたというのは鏡の中の自分かもしれない。とにかく他者があるという関係の中でしか自分がないというのが、ぼくの実感です。ですから、シスター・コンプレックスもマザー・コンプレックスもそうであって、母あるいは妹なる者を自分にとっていちばん大切な他者と考えるところから、自分が見つかってくる。

そういう意味では必ずだれかとだれかのドラマであるわけで、しかもいちばんいとおしい者同士が実はいちばん傷つけ合う存在であるというのが、ぼくは人間のいとおしさだと思います。

ぼく自身の体験の中でも、今日はお袋さんに優しくしようと思って努力をした日は必ずぎこちなくて、逆に叱られてしまって悲しい思いをしたことが何度もあります。大人になって結婚し、妻をいたわろうと思って、いたわるつもりの行動をしたら、それがいちばん疲れさせてしまったりする。人間は本当に相手のことをいたわって、いまこそ優しくなってあげようと思うときに相手を傷つけてしまう。大切な人に優しくいとおしくしようとするときこそ人間は傷つけ合う。それは傷つけ合うというよりも、ひょっとすると傷つき合うということかもしれない。

ぼくが人間ってすばらしいと思うのは、そのことを許し合って、理解し合って賢くなったときに、その関係が愛というものになる。だから、人間は愛というものを持つ。いとおしい人同士が誠実に切実に傷つけ合うことを避けては、愛は生まれないのです。

まさに『おれがあいつであいつがおれで』を原作とした映画『転校生』はそういうドラマで、男の子のからだが図らずも女の子のからだになる、女の子のからだが突然男の子のからだになる。男の子が生理の辛さを経験する、女の子が突然自分のオチンチンがいうことをきかないで、ニョキニョキ勃起《ぼっき》とすることを経験する、気持ち悪くてしようがないみたいなことを、自分のこととして請け負っていくことによって、傷ついて傷ついて自殺をしたくなるんだけれども、相手を自分のこととして請け負うことで、相手を理解していくというシチュエーションのドラマです。

このシチュエーションこそ、まさに現代の『とりかへばや物語』でしょうが、山中さん流の非常にお行儀の悪い物語として、活力いっぱいに書かれている。この背後にある人間の相手をいとおしく思いたいという純粋な気持ち、この心理劇だけが見事に永遠の人間のドラマである。これを描きたいなあとぼくは思いました。

描きたいなあと思って原作を握りしめたのが尾道で、なんとなく尾道の空気感がそのままリアリティとして、その映画を尾道で撮らざるを得ないとぼくは思い込んでしまったのです。

制作中止の危機を乗り越える

原作は剣持君がシナリオ化して、尾道でクランク・インすることが決定しました。ところがその直前になって、突然スポンサーが降りてしまったのです。シナリオを読むと男の子が女の子になって、裸になったり、スカートめくりをしたり、こんな映画はわが社の信用にかかわるから、お金を出すわけにいかないというのです。原作の底にある純潔が読み取れなかったんでしょう。

普通ならばスポンサーが降りれば、そこで映画のプロジェクトは終わってしまいます。しかし、ぼくは尾道で映画を撮ることを決めて、尾道の人たちにも協力をお願いしているところまできていたし、何よりも主役をやる尾美《おみ》としのり君と小林聡美《こばやしさとみ》君が毎日リハーサルをしているうちに、すばらしい一夫と一美の主人公になってきています。いまこれを中止したら、この子たちの将来が変わってしまうような気がする。そして、原作者の山中さん自身もそのころに奥様を亡くされており、この映画ができ上がったら自分は立ち直れるだろうというメッセージを送ってくださっていた。

シナリオライターの剣持君も、その十年ぐらい前に『ゴキブリ刑事』という名作のシナリオを書いて華々しくデビューしたけれども、その後は一本もシナリオを書けなかった。もしこの『転校生』が映画にならなかったら、もう映画界から身を引こうと思っていた。

それからぼくの妻の恭子さんが、初めてプロデューサーとして名を出してやろ

う と決意した映画でもあります。それまでも一緒に映画をつくり続けてきましたが、これまでは内助の功でやっていて、表面には出ませんでした。食事のシーンの食べものを全部つくるとか、衣装を縫ったり、洗濯したりみたいなことはやっていたけれども、あくまでも妻としての役目でした。ですから、この映画をここでやめると、いろんな人たちの運命が変わってしまうなという実感があったのです。

その当時はお金がないし、スポンサーが降りてしまったら、どうやってつくっていいかわからない。でも、この映画をつぶすわけにはいかないというので、スタッフを東京から尾道にバスで送り込んで、ぼくと妻だけが東京に残って最後の金策に駆けずりまわっていました。本当ににっちもさっちもいかなくて、どうしようかと思っていたときに、妻が、

「こういうときは自分のことよりも人のことを考えましょう」と言ったのです。

ちょうど当時のATGの佐々木史朗《ささきしろう》プロデューサーから、大森一樹君の映画をプロデュースしないかという話があったのです。大森君がレイ・ブラッドベリー原作で、大人になると蒸発していなくなる子供たちだけの世界を描いた短編があ

って、それをやりたがっているからということでした。新宿で大森君と佐々木史朗さんと会ったんです。ところが、ぼくの『転校生』が苦境におちいっていることを知っていた大森君が、ぼくが行く前にその話をしていたので、大森君の映画の話をする前に佐々木さんが「大林さん、それはどんな映画ですか」と聞いてくれたのです。

そのとき肌身離さず持っていた台本を見せたところ、「これをちょっとぼくに預からせてくれないか。田舎から出てきているお袋さんと食事をしたあとに読ませてもらうから」と、その台本を持って帰られたのです。大森君と酒を飲んでいたら、佐々木さんから三、四十分もしないあいだに電話がかかってきて、「読みました、こういう大林さんの映画をぼくは観たいから、ぼくがなんとかするから、尾道に行ってください」と。

結果的に、ぼくが本来助けてやらなければならないところを、大森君の映画にかわってぼくの『転校生』が実現することになってしまったのです。それでも佐々木さんからお金が届いたのは映画を撮り終わったあとでしたから、食事はうちの実家で炊き出しをしたりしてこの映画をつくり上げました。

スポンサーが降りるぐらいの台本ですから、尾道の人たちも実はだれもよろこばない。ただ、尾道では父親の信用があり、大林先生のところの若様が医者にならないで、活動屋になって戻ってきた。しかも、当時の尾道の人たちは映画なんか観ないし、台本を読んでみたら変な映画だ、大林先生の信用を落とさなければいいけれども、というようなことだったのです。

しかし、子供のころぼくを見守ってくれた先生が教頭や校長先生になっていて学校のロケに協力してくれました。とにかく、父親の信用とかつての先生たちのおかげででき上がったようなものでした。

当時の尾道は新幹線も停まらないし、高度経済成長期のディスカバージャパン・キャンペーンで、日本中が観光客でにぎわっていた時代に、その波に取り残されて死に瀕《ひん》していた町でした。ですから、最初は映画の撮影隊が来るというので、せめてこの映画は尾道の観光に役立つかもしれないと、一縷《いちる》の望みを抱いて町の人たちは協力してくれたのです。

ところが、ぼくはといえば、尾道にカメラを持ち込むときには、この映画は自力でしかつくることができないし、自分たちの思い出でしか存在しないから、心行くまでやって自分の映画をつくろう、昔の八ミリをつくってやろうというような思いでした。

ですから、尾道を撮るときも、観光絵葉書のような絵ではなくて、ぼくが子供のころさびしんぼう少年で一人さまよった路地裏、坂道、石段、崩れかけた土塀、ひび割れた屋根瓦のある風景、そこの角を曲がれば日差しがあったり、階段に立ち止まれば涼しい風が吹いたりした、そこにあった日差しのぬくもり、風のそよぎ、ふと遠くから聞こえてきた音、角を曲がったらいるんじゃないかなと思った少女の気配、そういうものだけを撮ろうと思ったのです。

ですから、ぼくにとってはとても幸福な映画だったのです。

妻は初めてのプロデュース作品とはいいながら、毎日毎日スタッフのパンツの洗濯や食事の世話、ものを借りたりする折衝《せっしょう》とか、かつての内助の功以上の内助の功でしたが、ぼくは非常に幸福でした。この映画は風穴をあける力にもならないだろうし、ジャーナリスティックな力も持たないだろうけれども、ぼくの人生にとっては非常にいとおしいものである。山中さんにとっても、尾美君や小林君にとっても大切なものになるだろう。少なくともぼくたちの人生はここでのワンステップで幸福になるだろう。そういう思いだけで、それが力になってつくり上げた映画です。

さて、『転校生』が完成して尾道で試写をやったときに、協力してくれた大人や子供たちが一斉に観たわけです。ところが、その反応たるや惨憺《さんたん》たるもので、尾道のきれいな景色を撮って観光客が来てくれるだろうと思ってみんな協力したのに、映っていたのは汚れて壊れた路地裏ばかりで、こんなものを観たんじゃ、観光客の足はますます遠のいてしまう、大林の息子はえらいモノをつくってくれたもんだ。内容はといえば、女の子が裸で飛び出してくる、スカートめくりはあるし、なんともお行儀の悪い映画をつくってくれたもんだと。それはシラッとした完成披露パーティーになってしまいました。

ところが、翌日になってぼくの家に電話が続々と入りだしたのです。家に帰ったら、子供たちが、

「お父さん、お母さん、いい映画をつくったね」

と話しかけてきた。映画の話よりも何よりも、子供たちとそうやって口をきいたのはひさびさだ、子供にあんな尊敬の眼差《まなざ》しで見られたのは初めてのことだ、

私たちは全然わからないけれども、あれはそんな映画だったのでしょうか、少なくとも子供にほめられたからとてもよかったという電話が、期せずしてたくさん入ってきたのです。

あんな映画では観光客はだれも来ないだろうと言っていたのに、映画が封切られたら、見も知らない若者たちが一人、二人と尾道にやってきて、やがて列をなして歩きだした。

「君たち、どこから来たんだ」と聞いたら、

「『転校生』を観てやってきた」と。そういう子たちが尾道で野宿をしたり、ロケ先の家を訪ねて行って、一美のベッドに寝させてくださいという子が出てきたり、わけのわからない子供たちで町があふれかえりだした。

この情報過多時代にぼくが絵葉書のような風景を撮ったら、それまでだったと思うけれども、ぼくがそこにある気配、雰囲気を撮ったので、その空気感だけは自分がそこに行かないと味わえない。その空気感は、実は高度成長期のあいだに日本中の古里がみんな同じ顔つきになって、古里固有の味をなくしてしまったときに、それが尾道にあった。だから、訪ねてくる人は尾道を訪ねてくるよりも、

自分がなくしたある気配、あるぬくもり、あるそよぎ、あるざわめきみたいなものを味わいたくて来たんでしょう。ですから、団体で来る観光客じゃなくて、本当に一人、二人と集まってきたのです。

大勢のファンに愛される映画とは

当初『転校生』が企画されたときは、『ねらわれた学園』に続くSFX、特殊技術を駆使した作品になるはずでした。

あの物語は男の子が突然女の子になるおもしろさです。男の子が学校から帰ってきて鏡の前でスーッとシャツを脱いだら、自分の胸におっぱいがついていて、びっくりする、そのおもしろさを映画にしようと思えば、当然そういうところを絵にしなければ、おもしろいとは思えない。そうすると、少年のからだに女の子のバストが合成されてくるような絵をつくらなければ、この映画はおもしろくないだろうとだれしも考えるし、そういうふうにつくらなければならないのだろうと思ってました。

原作では小学校の五年生か六年生の子供を主人公にしている。山中さんは純粋心理劇を描くために、性をまだ持たない子供たちの肉体を借りてきて、物語をつくっている。性を持たないから、『とりかへばや物語』が心理的に描けるというのが、児童読み物の発明であり、構造でした。ところが、映画でそれをやると、小学生の肉体が映るから、そうすると児童映画になってしまうのです。しかも、児童映画の上にSFXでバストをはめ込んだりすると、児童映画の絵解き映画になって、心理劇にならないのです。

しかし、心理というものは映画では見えないので、肉体を凝視《ぎょうし》することで心理を垣間見させるわけです。児童のからだが出て合成したりする映画にすると、児童のからだのおもしろおかしいストーリー展開は表現できますが、その背後にどういう心理があるのかというのは何も見えなくて、おもしろおかしいだけの話にすぎなくなってしまいます。

やはりこれは映画にならない、文学の世界だなと一瞬、思いましたが、はたと気がついて、性を持っている少年少女の絵にしたらどうだろう。小学生から中学生、高校生に年齢を上げていって、つまり生理があったり、夢精があったりして性を知っている子供たちでこれを描くと、ひょっとするとその肉体の痛みが出るんじゃないか、そしてその向こうに心理が垣間見えるんじゃないかという直感が働いて、オーディションの対象を中学生、高校生に上げてみたのです。

小林聡美を採用したいちばんの理由は、シナリオはもちろん読んできている、いろんな面接をしたあとで、彼女がぼくのほうを見て、指を出しまして「四回ですね」と言うのです。「なんだ、それは」と聞いたら、台本の中で裸にならなければならないシーンがあって、ぼくは数えていなかったけれども、演ずる側からすれば、四回裸になるという試練に耐えれば、この映画の主役はやれると思ったのでしょう、性を持った若い娘にとって人前で裸になるのは死ぬほど恥ずかしいことですから、その試練に耐えられるかどうか、それが四回だということを彼女は数えて、切実な思いでぼくに言ったわけです。

そのときにぼくはある発見をしたのです。あくまでも男の子の意識のままで裸になるというシチュエーションですから、恥ずかしがってはいけないので、ケロッと裸になってほしいわけです。けれども、演ずる少女がほんとうにケロッとしていたのではその痛みが出ない。彼女自身はそれは火が出るほど恥ずかしいことだけれども、それを表現として男の子のようにケロッとやれる子が必要だったんです。それがこの小林聡美だと、そのときに気づかされました。

尾美としのりも黙って座っている子で、こんなじじむさい男の子はどうにもならないと思って、黙って帰したんです。翌日は床屋へ行って髪を切ってきて、ちょっとこざっぱりしてまた座っている。オーディションに来る子供たちは「おはようございます」と、元気よく来るのが普通なんですが、尾美は昼間、ちゃんと「こんにちは」と挨拶してきた。でも、どう見ても老けたおやじみたいだなと思ってじっと顔を見ているうちに、この子がこの役をやることで肉体がきしむ感じが出せるのではないかと思ったのです。

尾美としのりは非常に男性的で朴訥な子で、女の子の役をやるのは耐えがたいと思っている男の子でした。でもオーディションに来させられているから、不愉快で逃げ出したくてしょうがない。ともかく役者としての自覚も芽生えているし、監督が選んでくれなければいいなと思って、ぼそっと座っているのが逆によかったのです。

こうしてSFXなしで、彼と彼女たちの肉体のきしみのなかに大人の心理ドラマが見えるという構造の映画がつくれるようになったのです。そういう意味でこの二人がすごくいとおしく感じられました。彼らには男になったときはどう、女になったときはどういう演技指導は一切しませんでした。唯一彼らにヒントを与えたのは、尾美君と小林君の身長差が電話帳三冊分なのですが、電話帳三冊の上に小林聡美を立たせて、これだけの目線の違いを演じなさい、君は昨日までこの高さから世界を見ていたのに、電話帳三冊分低くなったところから世界を見るようになったんだから、その戸惑いを演じなさい、と言ったことです。

小林聡美が尾美としのりのからだにすりかわったという設定ですから、男だったら、ベッドに潜って、頭をやれば枕に届くはずが、電話帳三冊分の差で枕に届かなくて、枕の手前で終わってしまうので、しようがないからがに股でよじ登っていく、そのしぐさのなかにむしろ男の子が表現でき、あられもない女の子の姿が表現できるのです。

とにかく、『転校生』が公開されると、映画館であるにもかかわらず、映画が終わると場内大拍手の渦になって、用意したパンフレットが初日の午前中で全部売り切れてしまうという大事件になりました。

ぼくとしては、いちばんパーソナル（個人的）につくったはずの映画が、大勢のファンに愛される。やっぱり映画というものは、自分にとっていちばんいとおしいことをいとおしく大切につくることが、結果的にいい商品になるんだなということを確認して、そのときに初めて大林宣彦としてのぼくが、いまの時代と映画を媒介として結び合ったという体験をしたのです。

『時をかける少女』

『転校生』をつくり終えたぼくは、もうこれで尾道を舞台にした映画を撮ることはないだろうと思っていました。ところが角川さんから原田知世のために『時をかける少女』をつくってくれないか、ついては尾道へ行って映画を撮ってくれませんかと言われたのです。原田知世という少女は、角川映画のオーディションでは年齢が足りなくて受からなかったけれども、その姿勢のよさ、伸びやかさに春樹さんは惚れ込み、この子を落とすにはしのびないということで、角川映画にいたのです。

ぼくが会ったときは十五歳で、当時の少女としては珍しく背筋を延ばし、「はい」という返事がとてもいい。角川さんもこの少女を大変愛していて、自分が十六歳の少年だったら、大恋愛をしていただろう、その思いをぼくの映画の中で果たしてほしいというのが、角川さんの狙いだったのです。『時をかける少女』は角川さんとぼくの友情の中で成立した企画で、角川映画の中では角川春樹さん個人のプライベート映画という側面を持っていました。

東京で一週間だけクライマックスのシーンをセット撮影することから、原田知世は映画界を初体験します。初めてスタジオに来た十五歳の少女はとてもおろおろしている。ぼくは彼女に、

「この映画はあなたを主役にした映画だから、あなたがまず気をつけなければならないのは、怪我をしないことである。あなた一人が怪我をすると、この映画のために集まった人びとやお金を集めた人や、やがてこの映画を見る人たちの運命が狂ってしまうんだ。だから、そのことにあなたは責任をとらなければいけない。撮影所というのは上を見上げれば、ライトやいろんな機材があって、いつそれが落っこちてくるかわからない。でも、あなたはこの撮影所で一日過ごさなければならない。上映時間一時間四十分の映画でも、これから春休みの二十八日間をこの映画のためにあなたは費やさなければならない。なぜそれだけかかるかというと、一日に撮られる映画は多くて三分か四分で、短い日は一日に十秒か二十秒の

カットしか撮れない。あとはあなたが待つんだ。待っているあいだに自分が怪我をしないで、しかもいい精神状態で待てるようにしなさい。だから、危険がいちばんないところを選んで上手に待つことが、あなたの最初の仕事です」

と言いました。

彼女は「はい、わかりました」と言って、キョロキョロおどおどしながら、天井に何もないところに座っている。その座っている姿勢が毎日見るたびによくなってくるのです。姿勢がよくなるということは、周りをちゃんと見ているからです。

「いい子だから、次にまた一つ教えてあげよう。君が怪我をしないことは君自身のためでもあるし、みんなのためでもあるけれども、怪我をすることは、君に怪我をさせた人間をつくることなんだ。ひとりでは怪我をしないんだよ。たとえば、いま、上を見ると、あの天井を歩いているおじさんは、美術のベテランの人で、若いころから日本映画をつくってきて、未だに釘を打ったりして、何の事故もなくもうじき定年退職をしていく。映画に一生を捧げたすばらしい先輩だよ。でも人間はだれ一人として完璧ではないから、あのおじさんの腰の回りにぶら下がっている金槌やペンチの一つだって、今日落っこちてくるかもしれない。その下に君がいて、君の頭に当たったら、怪我をするか死んでしまうかもしれない。そうすると、君が悲しむ以上にあのおじさんの人生はどうなるか、あのおじさんが定年退職間際に一人の将来のある若い女優さんを怪我させたら、一生後悔しなければならなくなる。それは何と恐ろしく悲しいことか。映画の仕事は一人じゃできない、みんなで一緒につくる、お互いがお互いを悪い人にしないように気をつけ合うことは、本当のプロの約束なんだよ」

と教えたんです。

「はい、わかりました」と言って、それから彼女は突然大食いになるのです。原田知世は植物のような少女だといわれて、レタスしか食べないような幻想的な細い体型をしていますが、猛烈に食べる。

「人間のからだは目が覚めてから五時間ぐらいしないと起きてこないんだよ。だから、スポーツの選手は四、五時間前には起きてからだの目を覚ます。俳優という仕事もそうで、からだで表現するんだから、からだを目覚めさせる時間を見ておきなさい」

と言ったので、知世は三時か四時には起きてシャワーを浴びて、それこそレタスなんかのサラダを食べて、撮影所に来る。

七時にメークをして、朝ご飯を食べて、八時半か九時ごろから撮影する。十時過ぎになると、一仕事したあとでブランチのドーナツなんかを食べる。それから昼食を食べ、三時にはおやつ、夕方の六時ごろに晩ご飯の予定が、そのころはいちばん調子が出ているから、晩ご飯をあと回しにしても、お腹がすくので、つなぎのおむすびが出たりする。八時ごろに晩ご飯、十時に夜食、十二時過ぎに深夜食、明け方の早朝食、朝の七時に朝食、一晩徹夜すると八、九食ぐらいは食べる。実際に若いスタッフはそれぐらい食べないと、身がもちません。

同時に、映画の仕事は夢中になるから、三時間にいっぺんぐらいはみんなが集まって、食事をしながらお互いのあいだのコミュニケーションをやらないといけない。一晩徹夜すると、最低七食は食べるというような、そういう日が続きます。

女優さんは全部つき合って食べなくてもいいわけで、控え室で寝ていればいい。ところが、原田知世は全部につき合う。しかも、夜中の夜食の豚汁をあまりおいしそうに食べるもんだから、「知世ちゃん、おいしい？」「はい、おいしいです」

「おかわりする?」「はい、します」と言って、おかわりを食べてしまう。

ところが、ある夜、ぼくがスタジオのある暗闇を歩いていたら、ピョンピョン飛んでいる人影がある。スタッフが眠気覚ましに体操でもしているのかなと思ったら、知世です。「おい、どうしたんだ」「さっき食べた豚汁がここまであふれそうで、せりふを言っても、豚汁が出てきそうで苦しくてしようがない。いまお腹すかしているんです」と言って、ジャンプしている。彼女は猛烈に無理して頑張って食べていたわけです。

それというのも彼女が待ち時間のあいだに黙って見ていると、食事係のおばさんたちが毎日、スタッフのために乏しい予算の中でメニューを考えてつくる、そのおばさんたちのいちばんのよろこびは、それをスタッフがおいしそうにペロッと食べて、元気に現場へ戻ってくれることで、せっかくつくっても残されたりすると、とても悲しそうだということに彼女は気がついたのです。

そういう現場に彼女は何度か立ち会って、せめて私がおいしそうに全部食べよう。私がおいしそうに食べていると、みんなもおいしく食べてくれるだろう。照明やキャメラや美術のお手伝いはできないけれども、ご飯をおいしく食べるお手伝いができると、健気《けなげ》にも十五歳の少女は思って、それで食べていたのです。鍋の底を見ながら、ちょっと残りそうになっていると、

「私、おいしかった。これ、おいしいわよ、食べて」

と、自分でよそって照明の人に食べさせたりして、とにかく鍋の中を空にしようと彼女は懸命になっている。

「みんな、よく食べたね。おいしかった、よかったね」

という関係を一所懸命つくっていて、大人たちはそれをわかって見ているから、知世が見せたそのときの輝きは本当に美しい。現場に戻って、知世がカメラの前に立って演技をしても、さっき見たあの美しさとは、演技は素人ですから、どこかちがう。映画人は見た美しさを必ず撮りたくなるので、なんとか自分たちの技術と愛情とで、豚汁食べておいしいと言った彼女の目の輝きを再現したくなるのです。

たとえば目が輝くといっても、目というのはお化粧ができません。目の輝きというのは、言葉の表現とそのときの表情の輝きのすべてがそういうふうに見えるだけであって、物理的にそれを絵で表現することは本当は不可能なのです。その

ためにはいろんな技術があるわけで、小さなランプを瞳孔《どうこう》に当てると、黒目のところがライトを反射してピカッと光って、それがフィルムの中では目の輝きとして再現される。

ベテランの俳優さんたちは、小さなキャッチライトを当てられたところにスーッと振り向いても、目に映るように止まれるけれども、知世は十五歳の少女だから、毎回演技をするたびに顔は動くし、キャッチライトもピタッと入らない。彼女の目にキャッチライトの光を映そうとしたら、何時間も同じ演技をくり返さなければならない。そうすると、彼女の持っているよさもなくなってしまう。ですから、監督のぼくとしては一回か二回のフレッシュな演技で決めてあげたい。

しかし、照明の人はその一回か二回のチャンスで確実に目に光を当てたい。となると、大きいライトを使うしかない。大きいライトを近くで目に当てたら、目がやけどしてしまうから、ライトを担いで、スタジオの隅のいちばん高いところに持ち上げなければならない。その危険が伴う作業に三十分ぐらいかかる。

徹夜仕事を早く切り上げたいという気持ちがあるけれども、あの知世の輝きを再現してやろう、それを自分たちのよろこびのためにやってしまう。では、そのライトの光との反射角度のいい位置にカメラのレンズを置こうということになってみんなで床を掘ってカメラを入れる。その結果、知世の目にきれいなライトが入って、スクリーンに映し出された彼女の目が輝くのです。

映画づくりの恐ろしさ

『時をかける少女』で原田知世がスターになったいちばんの理由は、ぼくは彼女の胃袋だったと思います。同時に、その胃袋で奉仕して、みんなの愛情をすいよせていった十五歳の少女なりの賢さだったのです。ぼくは知世が春休みを終えて、ひとりの十六歳の少女として一つ賢くなって学校へ帰ってくれればいいなあと思っていました。

そういうお土産を持たせて返したいと思う理由は、映画づくりというのは非常に恐ろしいところがあって、知世の場合は春休み期間中だけでしたから二十八日で撮りましたが、ふつうは少なくとも四、五十日から二ヵ月、長い映画になれば半年や一年はかかる。メークテストや演技テストから入っていくと、もっとかかる。その間スタッフと一緒に暮らすわけです。

そうやって一本の映画の中で暮らしていると、その映画のかりそめのストーリーが人生の一部になってしまうのです。原田知世はおくてですから、子供のころ学校の先生に胸をときめかしたことはあるかもしれないけれども、初恋の体験はまだなかったかもしれない。でも、映画の中で二人の少年に囲まれて、彼女が恋の体験をして、その恋が失われていく少女を演じる。演じているときでも本当の恋の体験と同じ、あるいはそれが虚構で意識的に仕組まれるものだけに、本当の恋愛では気がつかないぐらい意識的に恋愛をしてしまう。

『時をかける少女』ではキスシーンはなかったけれども、自分の本当の恋人とキスする前に、映画の中で相手役の俳優さんとキスをしなければならないということだってあるかもしれない。つまり映画を一本経験するということは、そういう意味で生活の一部、人生の一部になってしまうのです。

しかも、その責任がだれにあるのかといったら、そういう映画をつくろうとした監督にある。十五歳の原田知世が、映画の中では芳山和子《よしやまかずこ》という少女を演ずるわけですが、芳山和子はこの世の中には存在していない。つまりこの映画の中にしか存在しない。原田知世がキャメラの前に立っても、そこにいるのはやっぱり原田知世です。

ところが、ぼくはその原田知世を見ているうちに、芳山和子に見えてくる。ぼくは芳山和子として彼女とつき合ってしまう。原田知世とつき合うにもかかわらず、芳山和子という恋する少女としてつき合ってしまうので、原田知世は一回しかない自分の人生で初恋を芳山和子として体験する。そうすると、彼女が自分の実人生に戻って初恋をしたときに、実はその恋の思いは映画の中ですでに体験している。そんな恐ろしいことを映画ではやっているのです。

それに対して監督であるぼくは、どうこたえればいいのか？

原田知世がキャメラマンは原田知世にフレームの中で焦点を合わせてキャメラの前に立つと、キャメラマンは原田知世にライトを当て、美術さん、メークさん、衣装さんなどすべてがそこに視線を集中しているときに、監督であるぼくの視線だけは自分の周囲の三六〇度が見えている。決してフレームの中の世界を見ているわけではない。芳山和子を見たいという自分で決めたフレームと同時に、このフレームからはみ出している原田知世の実人生があるぞという恐怖も感じているのです。

上を見ると、巨大なライトがある。あのライトはこの道何十年のベテランが太いロープで吊るしたライトだから、落ちてくるはずはないが、世の中に絶対ということがあり得ないように、何年に一回かは落っこちてくるかもしれない。それがいまだったら、どうするか。原田知世の上に落ちてくるのに、だれも気がつかない。でも、ぼくだけはライトが見えている。いま、飛び出していって、原田知世を突き飛ばしてやれば、彼女は助かるぞ。あすこにはちょっとした隙間があるから、あっちに向かって突き飛ばしてやれば、たぶんだいじょうぶだろうということまで見ている。でも、待てよ、突き飛ばしたあとに逃げる方法があるだろうか、ないかもしれない。そうすると、あのライトの下敷きになるな。ひょっとして死ぬかもしれない、いやだなと思う。

けれども、待てよ、原田知世はぼくの夢のために、彼女の一つしかない十五歳の原田知世を犠牲にして、ぼくの恋人である芳山和子をいまやろうとしている。つまりぼく自身の人生にあの子は自分の人生を奉仕してくれている。だったら、おれが彼女にお返しできることは、もし彼女の実人生にライトが落ちてきたら、自分の人生を捨ててもかかわってやろう。おれはこの子のために死ねるかと突き詰めていく。よし、いまならこの子のために死ねると思えた瞬間を逃さないように「用意、スタート」と声をかける。かけてしまったら、もうお終いで、その瞬間から芳山和子になる……。

ぼくの映画は、ぼくの顔を見ながら女優さんたちが演技をする構図で描いています。普通は物語を描く映画は七・三の構図がいいといわれて、登場人物が二人いれば、その二人を客観的に見るのが物語を描く構図である。ぼくの映画では、レンズを見て芝居をすることが多いのです。そこには映画という客観的な物語の中にぼくという主観をなんとか定着させたいというぼくの、パーソナル（個人）映画の姿勢があるわけです。

ですから、原田知世が映画の中で芳山和子になって、「これが愛というものだわ、胸が痛い」と言うときは、ぼくの顔を見て彼女は言っているのです。だからこの子のために死ねる。その瞬間はぼくの恋人になっている至福の瞬間で、ぼくにとってはこの世で考えられなかったぼくの妹的な存在が、ぼくに向かって恋の告白をしている。その視線がピタッと来るところでぼくは彼女を受けとめているから、「カット」なんて声をかけたくない。永遠にそのときが続けばいい。

しかし、人生に永遠がないように映画にも永遠というときがなくて、約束事のシナリオが終わって「カット」と声をかけた瞬間に、ぼくの芳山和子はスーッと消えて、原田知世に戻っている。ぼくの恋人、妹は失われて逃げていく――。

そういう関係の中で撮られるから、角川春樹さんがロケ慰問に尾道に来て、ぼくのカメラの前でぼくを見つめて輝いている原田知世を見たときに、角川さんはよろこびと同時に嫉妬《しっと》もしたはずです。それが、ぼくのオーケーの基準だったのですから。あの知世の輝きの視線の前に立ちたいという欲求が、角川春樹さんをして、「この次はぼくに撮らせてください」と言って、角川さんが自ら監督した『愛情物語』につながっていくわけです。

『愛情物語』を撮っているときの春樹さんに会うと、「大林さん、こんな幸福なことってないですね。いやぁ、幸福です」と、そればかり言っていました。この至福を味わってしまうと、プロデューサーには戻れません。また、至福と同時に失われていくさびしさを味わってしまうと、これが監督というものの業《ごう》かなと、逃れられなくなってしまうんです。

『時をかける少女』はぼくとプロデューサーの二人のおじさんがプラトニックラ

ブで原田知世を描ききった映画だから、ファンに愛されたわけです。演じた原田知世だけが、でき上がったときは違和感があったようでなんだかポキポキして私じゃないみたいと言っていましたが、おじさん二人の中で演じた彼女の正直な実感でしょう。

ところが大人になって実人生の中で恋もあって、「監督、恋愛っていいですね。人を好きになるっていいですね」ということばかり言う時期があって、そのころ「『時をかける少女』って素敵な映画でしたね、ありがとうございました」と言っていました。

ロケ地は、尾道で二本撮ることに抵抗があったので、東京で一週間撮り、尾道からちょっと離れた竹原を交えて、いわば虚構の町として舞台をつくり上げました。『転校生』のようにすべて尾道の町で撮ったのと違い、尾道の海も映っていないし、尾道の山のほうを一応撮ったという映画でした。しかし、それから図らずも『さびしんぼう』を撮ることになって、結果的に『時をかける少女』は、「尾道三部作」と呼ばれる作品の一本になったのです。

『廃市』と『さびしんぼう』

『時をかける少女』を撮ったあと、ぼくの個人的な思いをより追求したくなって撮ったのが『廃市《はいし》』です。

これは原作者・福永武彦《ふくながたけひこ》さんの初めての映画化された作品です。福永さんは虚構性の強い純文学の作家で、アンドレ・ジッドの『狭き門』を手本にした『草の花』という小説があったり、純粋な心理劇や魂の痛みみたいなものを書いている作家ですが、そのストーリーだけを映画にすると、非常に甘い文芸映画になってしまうことを福永さんは本質的に知っていたので、自作の映画化を許可しなかったのです。

ぼくは福永さんの小説が十八歳のころから大好きで、いつか描きたいと思っていて、まず『廃市』を一六ミリフィルムでプライベートに小さく撮ってみようと決めました。福永さんの第一回作品ができるということで、三五ミリでうちのお正月映画にしてくださいという話は映画各社からずいぶんありましたが、それはお断りして、これはぼくの個人的な映画だから、夏休みの二週間だけこの映画のために好きな仲間と集まってつくることにしました。

同時に、小林聡美との約束があって、彼女が『転校生』で二枚目半のような役をうまくやり遂げて、非常に人気が出て、二枚目半の役どころでテレビドラマの出演依頼がいっぱい来たんです。

そのときに、そういう役をやってしまうと、器用貧乏でつぶされてしまうという話をして、一年間だけ聡美をテレビに出さない。そのかわりごほうびとして聡美にもう一本映画をつくってあげよう。それは『転校生』の役柄とはまったく違う聡美の本質的に持っているナーバス（傷つきやすい）な暗い面に光を当てて、翳りの深い少女像を描いてあげよう。つまり『転校生』では傷を隠して健気にやったから、今回は聡美の傷つきやすい部分に光を当ててやろうということで企画をしたのが『廃市』なのです。

実は最初ぼくは『さびしんぼう』という題名で『廃市』を撮ろうと思ったんで

す。聡美には『転校生』が終わったときに、「一年後に『さびしんぼう』という映画をつくろう。『さびしんぼう』というのは君の次回作の題名だよ」とラブレターを渡して別れたのです。ところが、福永さんの映画化第一回作品である『廃市』という題名を『さびしんぼう』に変えてしまうのは、礼に反するという気持ちが強くなって、そのままの題名で撮ることになりました。『廃市』は美しい姉と快活な妹を同時に愛してしまう主人公の話で、姉を根岸季衣、妹を小林聡美が演じました。

妹は、健気に明るく振る舞っているけれども、おねえちゃんより美しくなくて、自分が秘かにあこがれている人はおねえちゃんの旦那さんです。ところがその旦那さんはあろうことかおねえちゃんを捨てて芸者さんと心中してしまう。根岸季衣さんがやったおねえちゃんの役は、原作ではろうたけた美女です。根岸さんはぼくにとっては美しい人だと思うけれども、女優さんの柄からいうと、そういう絶世の美女を演じるというキャスティングの似合う人ではないので、周りが「大林さん、何を考えているの」と言ったぐらいでした。そのときの根岸さんが偉かったのは、体重を十キロぐらい落として参加してくれたことです。

この映画はギャランティという意味では全員ノーギャラで、本当は角川映画以上の自分の最高のギャラを自分で申請して、そのギャラに沿ってグラフをつくって、そのギャラ分が出資額になる。だから、みんなが製作者です。この映画が収益を上げたときは、そのグラフに沿って印税をみんなにお支払いしようというスタイルの自主映画です。俳優さんたちとメインスタッフが出資し、助手さんたちはぼくたちの夢に技術者としてつき合うわけですから、彼らには角川映画と同じギャラを払う。もちろん助手さんの中でも、ぼくはギャラよりも夢を買いますという人は参加してもいいし、メインスタッフの中でもギャラを望む人はギャラでもいいという約束で、実際のお金は二千万でつくりました。

ロケ地である柳川の人たちにとっては、ぼくが『転校生』と『時をかける少女』を撮って尾道に人が集まり出したということを聞いて、柳川も観光で苦慮している町だから、大林さんが来て映画を撮ってくださることはいいけれども、『廃市』という題名は困る。自分たちがいま生きて暮らしている町が、滅びた死に絶えた町というのは困る。〝廃市〟という言葉は柳川出身の詩人・北原白秋の詩の中の一節にあります。柳川の人たちも白秋先生を敬愛しているけれども、廃市というちょっと困った言葉をつけてくださった、まあ、これは触れないようにしようというのが現実だったのです。

ですからここで、『廃市』などという映画を撮られちゃたまらぬというのが、正直な反応でした。ところが、ぼくたちが小さなカメラを持ち込んで映画をつくっているうちに、私たちここで暮らしている者にとっては生きた町だけれども、外から訪ねてくる人がこの町を廃市と、白秋先生の造語の中にある文学的な詩的な表現で呼ぶことはこの町の財産だ、この町にはそういう芸術的な香りがあるんだ、むしろ廃市という言葉を私たちは誇りに考えよう、と町の人たちも見直してくれて、ぼくがその映画を撮って以来、柳川では〝廃市柳川〟とみんなが堂々と言うようになりました。

スタッフも少なかったので、柳川の若い人たちがボランティアで手伝ってくれました。その中で三組のカップルが誕生して結婚しました。ある一組は『廃市』を上映している映画館で、お客さんを前にして舞台の上で結婚式をあげるという、そういう幸福な映画でした。当然子供も生まれて、ぼくは仲人をしたので〝東京のおじいちゃん〟にされています。

『時をかける少女』の一年後に同じ原田知世で『天国にいちばん近い島』を撮ったあと、ひょんなことから『さびしんぼう』が実現することになりました。

ぼくが監督として頼まれていた『姉妹坂』という映画のためにスタッフが集まって準備をしていたら、『姉妹坂』の製作が一年延期になって、ポッカリぼくとスタッフのからだがあいてしまったのです。ぼくたちにとっては映画をつくっているときがいちばん幸福ですから、何も企画はないけれどもそのあいた時間を使って映画を撮ろうと思ったのです。

ぼくの心のなかにはずうっと『さびしんぼう』という企画があったので、「よし、『さびしんぼう』をやろう」と言った。ただ『さびしんぼう』という題名と、何がさびしんぼうかという意味があっただけで、ストーリーも何もなかったのです。

ちょうどそのときに富田靖子《とみたやすこ》を育てたぼくの友人が、彼女の冬休みを使って何か映画をやろうと思っているけれども、企画がない。そこで、「『さびしんぼう』の役を富田靖子でやりませんか」と言ってくれたのです。ぼくは、「ああ、それはいいね」ということで、富田靖子を主役に『さびしんぼう』をやるというところまで決まりました。

その企画を持ちながら尾道に立ち寄ったときに、ぼくがスタッフルームにしている、いつも行きつけの〝TOM〟という喫茶店があって、そこに尾道を訪ねてきたファンたちが自分の思いを書いたノートが何十冊も置いてある。そのノートの中に尾道三部作を見たいという言葉が期せずしていっぱい書かれている。そのときにぼくは、初めて、『転校生』『時をかける少女』ともう一本撮れば尾道三部作という発想がわくんだなということをインプットして東京に帰り、『さびしんぼう』を尾道で撮って三部作にしようと決意したのです。

富田靖子のからだがあいている冬休みから逆算すると、われわれに残された時間は二週間しかない。二週間でどういうシナリオを書くかとなったときに、『転校生』を撮ったあとに山中恒さんの『なんだかへんて子』という読み物を教えてもらっていて、あれならうまく『さびしんぼう』にできるなと思ったんです。これも小学生の少年と少女の話で、これを軸にして富田靖子の『さびしんぼう』をつくろうと決めた。

小林聡美と『さびしんぼう』を撮る約束だったけれども、ぼくは『廃市』を撮

ったときに聡美に、

「二本の映画を君とやって、これから先はぼくから離れて、ほかの監督と一緒に仕事をして、また大人になったら一緒にやろうね」

と卒業させていましたから、聡美との『さびしんぼう』は終わっていました。ただ、聡美が客演として、富田靖子と一場面絡《から》んで、帰っていくという少女を用意しました。

この撮影中に一組の夫婦が子供を連れて、ロケ現場を訪ねてきました。この夫婦は『転校生』を見て尾道にあこがれて、尾道にやってきて知り合い、恋をして結婚して、新婚旅行に来たときが『時をかける少女』の撮影の最中で、『さびしんぼう』の撮影のときに生まれたばかりの赤ん坊を連れてきた。その赤ん坊を見たときにぼくは、『転校生』を中止しなくてよかった、もしぼくが『転校生』という映画をつくらなかったら、この赤ん坊はいまここにいなかったんだと思ったときに、映画をつくっていることの幸福をしみじみと感じると同時に、恐ろしさをも感じました。

つまり、映画をつくるということは、単に映画をつくっているだけじゃなくて、映画を通じて人びとの運命に介入したり、幸福感や不幸の中にも介入しているんだ、これは責任のある仕事をしているんだということを、畏《おそ》れというようなものをよろこびと同時に感じた。

尾道の町には、この三本の映画によって信じられないぐらいの人たちが来て、ロケ地巡りの人波が絶えることがありません。

そういう意味でぼくの映画は、ぼくの人生をつくり、ぼくの人生の中で出会う人との関係を幸福にするべくつくられていくことが基本的にあります。ですから、それは映画のつくり方にも影響してきます。

たとえば、尾道は映画の町といわれて、忘れられていた古い町が大変にぎわうようになる。最後の『さびしんぼう』から六年たって、『転校生』からは十年たっても、なおそれが変わらない。映画の影響力ってものすごいものだなと改めて思って、そういう人たちに恩返しをしなければいけないと思い、ぼくは新・尾道三部作というプロジェクトを開始しました。そして、その第一作として『ふたり』を撮ったわけです。

もちろん『ふたり』までのあいだには尾道三部作とは別に、『野ゆき山ゆき海べゆき』『おかしなふたり』『彼のオートバイ、彼女の島』、テレビ映画としての、『麗猫伝説』というふうに尾道で撮り続けてきましたけれども、改めて新三部作という形で恩返ししようと考えたのです。

『ふたり』――「新・尾道三部作」へ

ファンへの約束を返そうということで「新・尾道三部作」をつくろうと決意はしたけれども、まだそのときはつくるものがない。ぼくの場合、何をつくろうかということがあとから来るわけで、毎年お正月が来ると、だれもが今年はどんな年が来るだろうと考えるように、ぼくもこの一年どうやって過ごすか、当然映画をつくって過ごすだろう。どんな映画をどんな人たちでつくるだろうということを楽しみながら新年を迎えます。

一九九〇年は新・尾道三部作を撮ろうと決めていたちょうどその時期に、音楽監督の久石譲《ひさいしじょう》さんとの出会いがあるわけです。久石さんとは前に『漂流教室』で、監督と音楽監督の関係で一本仕事をして、そこでは友情が芽生え、お互いに尊敬し合ったけれども、それは純粋に仕事の関係でした。

それからぼくは『北京的西瓜《ぺきんのすいか》』という映画を中国の留学生たちと一緒に撮って、その映画を久石さんが映画館で観て、ああいう手弁当の映画をぼくもつくりたいと、八九年の秋に手紙をもらったのです。久石さんがなぜ音楽をやりだしたかといえば、音楽が自分をいちばん幸福にするものだし、音楽をやれば自分がいちばん人に優しくもなれる、そう考えて音楽と一緒に生きてきたけれども、音楽が仕事になってしまうと、やっぱり仕事として音楽をかいてしまうことが多い。ぼくとの『漂流教室』もそういう仕事の一つであったはずです。

しかし、大林さんが手弁当で映画をつくって、自分の人生をつくるよろこびの中で映画をつくっているように音楽をつくりたいから、今度大林さんが映画をつくるときはぼくに手弁当で参加させてほしいという手紙をもらって、じゃ来年は久石さんとどこかで一緒に映画をつくろうと考えたのです。

たまたまある日、二人の友人から、示し合わせたように「大林さん、赤川次郎さんの『ふたり』という小説を読みましたか。あれを大林さんの映画で観たい」と一人はハガキで、一人は電話で同じ日にもらいました。これは偶然のようで、大変な必然です。ハガキをくれた人から『ふたり』が連載された切り抜きのコピーを送ってもらって、これはまさにぼくにピッタリの世界だな、これを一九九〇年の秋に撮ろう。なぜなら、『転校生』は尾道の夏、『時をかける少女』は春、『さびしんぼう』は冬で、尾道の秋を撮っていない。しかも、八九年の秋に尾道に行ったときに新・尾道三部作を撮ると決意したから、九〇年の秋に撮ろうと思ったのです。

そのころ石田ひかりというひとりの少女を、うちのメークをやっている岡野君が連れてきました。うちのスタッフがぼくにそういう形で少年、少女を紹介することはめったにありません。ぼくは出会ってしまったら最後、かかわった以上はつき合おうと思うので、めったなことではだれもぼくに紹介しません。それだけに、ぼくに紹介するというのは大変いい子なわけです。岡野君は『転校生』が初仕事で参加して、それから十年やり遂げてきて、ぼくの映画では若い人と地方に行くことが多いので、彼女と同室をして、挨拶の仕方から躾《しつけ》を教えてもらう。その彼女の紹介の石田ひかりはとてもいい子でした。久石譲さん、赤川次郎さんの『ふたり』、そして石田ひかり、この三つを軸に尾道の秋を舞台に映画をつくろうかなと考えたのです。

ところが、ぼくのプロジェクトの中にはその前に山中恒さんとの約束があって、『はるか、ノスタルジィ』という映画をずっと抱えていました。尾道で山中さん原作の『転校生』『さびしんぼう』の二本を撮ったけれども、山中さんのふるさとは北海道の小樽で、小樽も海と山があって、山中さんがその思いで書かれた原作に、ぼくは尾道でふるさと孝行を果たした。「大林さん、三本目は小樽で撮ってね」という話がずっとあって、ぼくの妻が山中さんと対談をしたときに、その席ではっきり約束をして、山中さんはそのために原作を書き下ろすということで、一九八八年に山中さんと一緒に小樽へ行き、アウトラインができて、山中さんが原作を書いて、ぼくがシナリオにしました。しかし、個人的な思いの中でかかれたシナリオですから、はなからスポンサーもつきそうもないような映画ですが、これをなんとか撮りたいと思っていました。

そういうときに、ぼくの友人であるNHKのプロデューサーがテレビで『子どもパビリオン』という番組をやることになって、大人も子供も一緒になって観ることのできる番組をつくりたい。平たくいえば大林さんの尾道三部作のようなものをつくりたいんだ、何かありませんかと言われたときに、ちょうど『ふたり』

という企画があって、ぼくは尾道で撮ろうと思っているという話をしたら、それをいま撮りませんか、秋にオンエアしたいからと積極的に話を進められて、『ふたり』を先にやることになった。

ぼくは、結果としていつもパイオニアとして、新しいことをやってしまいます。いまは映画館に人が来なくて、映画はテレビでオンエアされるのを待ってテレビで観るという時代です。ただでさえそうなのに、テレビで先に秋にオンエアすることが決まっていると、映画としてつくっても映画館にお客さんがくるはずがない。ぼくにとっては映画のプロジェクトですが、テレビで先に観た人が、あれをもう一回大きな画面で観たいと思ってくれるものをつくらなければ、それはおれの負けなんだと思ったのです。

よし、NHKのテレビでやったものを映画館で満杯にしてやろうと——。これは映画界の人から見れば自殺行為です、そのかわりNHKには再放送だけはしない、再放送は映画館でということを約束してもらって、尾道で『ふたり』の撮影に入りました。

石田ひかりには、まず十八歳の誕生日に「北尾実加へ」という役名を書いた花束を届けました。彼女は夏と海水浴が大好きで、尾道のホテルに届いた荷物の中には自転車があり、水着も何十着と入っている。撮影がない日は自転車に乗って尾道中を走りたいし、泳ぎたい。ところが、現実に尾道に来てみたら、撮影されるのは確かに九〇年の夏だけれども、映画は四季を通じた三年間の話です。しかも、撮影は順序どおりに撮るわけではありませんから、日焼けするわけにはいきません。夏のシーンはメークで日焼けの肌にし、冬のシーンは真っ白い肌でなければなりません。ですから、海水浴や自転車に乗るなんてとんでもないことなわけです。

撮影のときは日傘の下にいるし、撮影がないときでも夕方の日が陰ってから、メークの岡野君からよろしいと言われて、それでも日焼けどめの麦わら帽子をかぶって出かける。そうでなくても、彼女は年ごろでニキビや吹き出物が出るから、カロリー制限されて、好きなアイスクリームもここまでと言われる。十八歳の石田ひかりにしてみれば、散々な目にあうわけです。

ところが、そのかわりに北尾実加としてならば尾道に生きられるのです。北尾実加という人生は、素敵なおねえちゃんがいて、お父さん、お母さんがいて、尾道にいろんな友だちがいます。石田ひかりは、自分の人生にはない別の人生を体験していく。そのことに彼女はよろこびを感じていって、すーっかり北尾実加になりきってしまうわけです。

北尾実加はドジでグズのコンプレックスいっぱいの少女です、それに反して、何をやってもよくできて、きれいで、立派なおねえちゃんが事故で亡くなってしまう。そのおねえちゃんの幽霊に助けられて彼女が自立していくという話です。

この、おねえちゃんを演じるのは中嶋朋子です。ぼくはここ二、三年、中嶋朋子のために何か映画を撮ってやろうという約束があって、それが見つからないまま過ぎていたという関係がありました。はじめは北尾実加を軸とする映画のおねえちゃん役に中嶋朋子がキャスティングされるという発想もまったくありませんでした。

原作でおねえちゃんは声だけで登場していて、その声の主がおねえちゃんだと思っていたら、実は自分の声だった。北尾実加という少女のなかにあるもう一人の自分が、育とう育とうとしている自分に呼びかけてくれて、困難を乗り切って、ドジでグズな私が一人前の自分に育っていく。

原作を忠実に映画にすると、おねえちゃんは声だけしか登場しない。ところが、文学の世界では声で登場しても、読者の想像力で肉体まで想像できますが、映画で声だけで登場すると、それはただ声しかなくて、肉体は不在になってしまう。これでは、原作に忠実でありながら似て非なるものができあがってしまう。原作ではそのもう一人の声は北尾実加だったということですから、次に考えられるのは石田ひかりの二役です。そうすると、今度ははじめからそっくりな二人で、もう一人も私だということがわかってしまう。やっぱり途中まではおねえちゃんだと思っていたい。

ということは、そこにおねえちゃんという、原作にはない別の人格を登場させなければならない。別の人格が登場する以上、それは別の人格としての別の幸福感を持っている。だから、おねえちゃんの人生を新たに書かなければならない。そうすると、当然死んでしまったおねえちゃんが、まだ生き続けている妹に対する嫉妬であるとか、そういうおねえちゃん自身の感情も描かなければならなくなって、もう一人の主人公をそこに登場させるのと同じことになる。

これは、二本の映画を合体させることだと気がついて、中嶋朋子《なかじまともこ》主演の北尾千津子の映画と石田ひかり主演の北尾実加の映画を二本合体させようという発想になったのです。

この両親を演じたのがベテランの富司純子《ふじすみこ》さんと岸部一徳《きしべいっとく》さんで、出番の数からいうと子供たちの三分の一ぐらいです。映画を仕事として考えているだけであれば、当然出番があるときだけ来ればいいわけで、出番がないときはほかの映画にかけ持ちしてもいいのに、二人ともこの映画の撮影中ずっと原則としてつき合ってくれました。

暮らしの本拠を尾道に置いて、富司さんはプロデューサーのぼくの妻と一緒にホテルの部屋でご飯を炊いて、おかずをつくって、ぼくたちが帰ってくるのを待っている。子供たちも帰ってくると、お互いに「お父さん」「お母さん」と呼び合って過ごす。撮影中の一ヵ月半は北尾一家として尾道で過ごしました。

そういう環境をつくることがぼくの映画づくりではとても大切なことなのです。つまり映画のための演技はしょせんつくりごとの嘘であるけれども、映画を一緒にやることのルールブックとしてシナリオやストーリーがある。そのルールブックの中で生きているのは、ぼくたちの二度とない人生の一部を生きていることにもなるのですから、そこは人間同士お互いに本当に幸福に生きましょうということなのです。

たとえば、ぼくと石田ひかりという少女は、映画がなければ一緒に時を過ごす関係はまったくないわけです。それが一緒に過ごせるということは、映画というルールブック、つまり北尾実加と監督という関係があるからこそ一緒に過ごせるわけです、そこに俳優さんたちがみんな参加して、北尾一家を尾道でつくってくれるわけです。

映画と原作との関係

この『ふたり』は原作の赤川次郎さんにとってもとても大切な作品で、多作の方ですけれども、もし自分の作品を五冊選ぶとすれば、その中に『ふたり』は必ず入るというぐらいの作品だそうです。ですから、映画にもテレビにもしたくなかったといいます。ぼくが赤川さんにお会いしたときも、大林さんとはいままで二、三本一緒に撮っているような気がするぐらい親近感があるし、大林さんと一緒に仕事ができるのは楽しいけれども、『ふたり』だけは映画にしたくない小説である。この小説はこれだけ言葉にこだわり、かつ純粋な心理劇であるからとおっしゃるのです。

しかし、ぼくがこれを尾道で撮ると言ったときに、赤川さんは、それじゃきっといい映画になると思われたそうです。原作は東京のどこかの話で、普通の原作者ならば「なんでこれが尾道ですか」となるところが、ここが赤川さんの素敵なところで、この物語を尾道で撮られるんだったら、きっとこの物語の本質がきちんと描かれる。大林さんが尾道で映画を撮るということは、基本的に尾道を裏切れない人だから、きっと原作を大切にしてくれる映画に違いないとお思いになって、『ふたり』をぼくに委ねられたのです。

委ねられたぼくは、原作とは別におねえちゃんという人物を登場させ、そのことによって原作の本質に近づこうとしました。

おねえちゃんはトラックの暴走事故によって死ぬのですが、それはこの二人の運命からすると、突然横合いから飛び出してきた暴走トラックであって、普通の小説作家ならば、暴走トラックが飛び込んできておねえちゃんが死んだということになります。けれども、この小説の不思議なところは、そのトラックの運転手の話が一ページ分も書かれている。

人生をいままで間違いなくやってきた慎重で用心深いベテランの運転手だけれども、どんな人間にも過ちがあり、不幸があるわけで、この運転手さんが知らないうちに車の車軸が錆《さ》びついて、ジョイントの部分が腐って、暴走する。その部分は、読者が小説をおもしろく読もうとするだけだと、邪魔かもしれません。おねえちゃんと妹の話で、そこへ暴走トラックが来ればすんでしまう。なんでそんなところに運転手さんのことを一ページ分書くことによって、話の流れを止めなければならないか。

赤川さんもモノを書くことによって自分を幸福にしようという人ですから、赤川さんの小説には悪い人は出てきませんが、完璧な人も出てこない。いい人なんだけれども、間違えてしまう。誠実な人なんだけれども、失敗する。つまり傷ついた人たちばかりが出てくる。だから、暴走トラックの運転手さんだとそれは〝悪い人〟ということにふつうはなるけれども、その一ページを書くことによって、ある不幸に出会ってしまった人という仲間入りをする。それが赤川さんの登場人物に対する愛情で、赤川さんの小説を映画にするときはそれを外すわけにはいきません。

ところが、映画の中では、事故が起きるまでは姉妹二人の話を持ってきて、そこで突然事故が起きなければなりません。その前に三分ぐらいの時間を押さえて、この運転手さんはこういう人ですと描写したら、映画の流れにならない。映画にするときはそこは割愛して、突然トラックの事故が起きる。しかし、それでは赤川さんの小説に対して失礼だろうと思って、何かこの運転手さんを救う道はないかなと一所懸命考えて、撮影の最後の日に突然気がついたのです。

映画のいちばん最後に、おねえちゃんと訣別《けつべつ》をして自立をした妹が、それまで避けて別の道を歩いていたのに、自分の人生を請け負おうと思って、映画の冒頭にあった事故現場の道を初めて帰ってくると、事故現場に花を持って額《ぬか》ずいている人がいて、それがそのときの運転手さんだったというシーンをつけ加えたんです。

これは、原作とはストーリー上も表現もまったく違うけれども、むしろ原作の精神を正しく映画化したとぼくは思っています。

そういう意味で、赤川さんにしても、山中さんにしても、原作者たちが「ぼくが本当はこう書きたかったというふうに映画にしてくれますね」とぼくに言ってくれますが、原作どおりに撮るということが、ストーリーやダイアローグをそのまま引き写すのではなくて、原作者が何を狙って、なにを望んでこの小説を書いたのかというところを、ぼくは映画であらわそうとするのです。

その結果、赤川さんは「ぼくの映画はもうこれでいい、二度と映画化されなくてもいい。だけど、大林さんからつくりたいと言われたら、またなんとなく嬉しくなって、やっちゃいそうだな」というコメントをつけ加えてくださいました。

原作者にとっては、自分の大切な文学作品が映画になるということは、娘を嫁にやるというか、自分の花園を踏み荒らされるというか、そういう痛みとさびしさと辛さを感じるもののはずです。ですから、基本的には映画化されることは、嬉しいと同時に結果によっては傷つくものです。自分のいとおしいものを違う形に映画でやられてしまうから、そのときに許しあえる関係になるかどうかということが、文学と映画という違う表現の世界の唯一の接点だとぼくは考えています。

ぼくは本屋さんに行くのが大好きで、年中行きますが、本屋さんに行くと、「ぼくを手に取って、ぼくを読んで」というふうに本が呼びかけてくる。しかし、自分で本を選んで買うことはほとんどありません。ただ、ぼくが本屋さんへ行って、この本読みたいなと思った本が、必ず日を経ずしてだれかが「大林さん、これ読んだ？」と言って持ってきてくれる。そうすると、その本との出会いが、ぼくと本との関係だけではなくて、もう一つの出会いになる。Aさんがこの本をぼくに薦めてくれたんだ、Bさんがこの本をぼくに薦めてくれたんだという関係の中で、その本が生きてくることがあって、素敵なんです。

だから、本屋さんで「ああ、すぐ読みたい」と思っても、いつこの本がぼくの手元に届くかなと思ってしまうのです。『ふたり』の次に撮った『青春デンデケデケデケ』も、本屋さんでおもしろい題名の本だな、おもしろそうだな、早く読みたいなと思って、書棚に戻して、家まで十五分、歩いて帰って、ドアをあけて入ったら電話が鳴っている。出たら、「大林さん、『青春デンデケデケデケ』って知っている？」というふうなことからはじまりました。

それはさておき、『ふたり』が上映されたときは、だれも映画館にお客さんは来ないと思って、小さな映画館で封切ったところ、お客さんが入り切れなくて帰ってもらわなければならない状態になりました。そして上映される映画館がどんどん大きくなっていきました。最初は三、四館からはじまった映画館が五十館ぐらいに広がって、それでも観られないで帰ったお客さんがいっぱいいました。NHKで先にやったものをだれが見にくるんですかというのが、この世界の『ふたり』までの常識でしたが、これから先はそんなことはなくて、ちゃんとしたものをつくれば、テレビで観た人がもういっぺん観たいとわざわざ映画館に来てくれるんだと確信を持ちました。

第二部　二十一世紀への序奏

第四章

バブル崩壊
変貌する日本のなかで

『あした』

新・尾道三部作でいえば二作目の『あした』、その前に撮った『青春デンデケデケデケ』、その頃日本経済のバブルがはじけます。一九九五年封切りの『あした』は、まさに私の映画としても最後の大作で、予算もうちのプロダクションとしては大きなものでした。

映画界では、方々で撮影中の作品が資金面から製作続行不可能となり、仕事にあぶれたスタッフが、僕の現場にどっと流れてくるというようなことが起きてきました。『青春デンデケデケデケ』の時など、美術スタッフでちょっと人が足りないから来てほしいというと、ぼくの香川県の撮影現場に七、八人もの美術部がそのまんまごっそりときてしまうといったようなこともあって、気づいたら百五十人を超えるといった大騒動の現場になっていました。ロケに行くときに、ふと振り向いたら、五十台くらいの車がズラーッと列をなしていて、びっくりしたことを覚えています。まるでハリウッド映画の大移動みたいで、派手という点ではこの映画と『あした』が最大のものです。

尾道での『あした』の撮影中も、その頃ぼくたちがセットを建てた砂浜の向かいの島にオーストラリアとの合作だったか、まさに大作にふさわしい人数の撮影部隊が来て、明治時代の横浜かどこかとても大掛かりなセットをこしらえて、巨大なライトを煌煌とつけて撮影していたんです。これがバブルがはじけるとともに撮影もふっとんで、「向こうの島のセットは、ライトがついていないね」といっていたら、スポンサーが逃げたとかで、スタッフは帰国や帰京の旅費ももらえないといった状態。彼らがみんな海をわたって漂流者のように小船でこっちの現場になだれこんで来たんです。プロデューサーの恭子さんが、

「まあ、同じ映画の仲間だから、ギャラは出せなくてもうちで寝泊り食事くらいは面倒みてあげて、少しでも手伝ってもらったら」

と話したりして、実際十人くらいにはちゃんとギャラも払って手伝ってもらいました。

私が時代の流れとともに映画を語り出したのがまさにこの頃です。尾道三部作の最初の『転校生』が、尾道の高度経済成長に対するアンチテーゼでもあったんですが、この時はまだあまり表だってそうしたことを語らなくてもすんでいたんです。尾道三部作というのは、私が尾道とけんかしながら〝町守り映画〟を作っていたんですけれど、ファンの方たちは、純粋にその作品を愛してくれました。それがうまくいっていた、いわばうららかな時代、少年少女の青春を描いたのが最初の三部作です。

新・尾道三部作の『あした』のころになってくると、日本経済のバブルもはじけるし、町の破壊も進んできて、ちょっとこれまでのままではいかんぞ、と強く思うようになってきました。『ふたり』や『あした』では家族の問題を描いています。家族の問題というのは、結局は社会の問題です。

また、この頃から私の映画への新聞の扱いが映画評の扱いではなくなってきます。文化部の映画記者さんではなく、社会部の記者さんが来て社会面での扱い、社会が抱える問題の参考資料として今こういう映画があります、というふうに取材にくる。そういう面でも私の役割が変わってきました。

尾道も変わっていきます。北海道小樽市の市長さんが、観光に関して尾道を羨《うらや》ましがって話をされたのですが、結局その真意が尾道の行政サイドにうまく伝わっていなかったのもこの頃です。

小樽は、それまでに尾道で撮った『転校生』、『さびしんぼう』の原作者・山中恒さんの古里です。『転校生』の原作、『おれがあいつであいつがおれで』は、海と坂道の町小樽で考えられたもの。その『転校生』を尾道がいただいちゃったわけです。小樽は、ちょうどバブルがはじけているこの頃、海辺の古い運河を半分壊して観光地として整備して、大変な賑わいでした。明治や大正時代につくられた古い石造りの倉庫脇の駐車場には、大型観光バスが何十台も並んでいるといった盛況です。

山中さんたちは、古きよき小樽がなくなるということで大反対したのですが、当時の世相の勢いのまま、町の改造が進んでしまったといいます。山中さんが、

「大林さん、ぼくの古里で映画を撮ってよ」

といって始まったのが、小樽を舞台とした『はるか、ノスタルジィ』で、『青春デンデケデケデケ』と同じ一九九二年の作品です。ぼくが小樽を訪れた時、小

樽市長さんが、

「小樽は今、完成した運河や石原裕次郎記念館のおかげで、観光の大ブームです。テレビドラマのロケも、レトロでおしゃれなムードにあふれているということで、盛んに行われています。しかし観光客の方々は一度は訪れてくださるものの、それが一巡したらもうそれまでになってしまうかもしれません。そこへ行くと、大林さんの尾道での映画は、多くのリピーターを生んでいる。今度の小樽での映画は、ぜひそういう映画を作ってくださるよう、お願いいたします」

こうしたことをおっしゃっていました。

『はるか、ノスタルジィ』は、古くて狭い路地、どこへ続くのか迷子になってしまいそうな坂道を上って思いがけない丘への道、朽ちた看板に書かれた文字など、観光客やテレビドラマの撮影では見向きもされないような小樽の風景の中で撮影が進み、石田ひかり、勝野洋《かつのひろし》主演、山中さんの幼少時代の密やかな思い出に彩られた「古里映画」として完成しました。

この頃、尾道はなんの観光客誘致政策もしていないのに、旅人のリピーターが多い、だから小樽は尾道に学びたいということだったのですが、尾道は、こうしたことばを冗談としか受けとめられなかったのです。

それから十年ほどたって、あっという間に、「観光地としての小樽」は消費し尽くされ、観光客は大幅減。小樽市長が尾道市に蓄積型、リピーターの多い観光の知恵を借りにいらっしゃるという時も、尾道は、観光客の数としては減ってはいるもののまだまだ多い小樽、テレビでドラマのロケや旅番組での紹介の多い小樽が、なんで尾道のことを羨ましいというのか、「まあ、市長さんが尾道にいらっしゃる時の儀礼としての言葉だろう」くらいにしか理解できなかったわけです。ブームに乗って消費されるだけの何かを作る町おこしではなくて、人の心も含めて町のよさを守ること、それが旅人にも住んでいる人にもやさしい町です。

『あした』の時、音響デザインのスタッフさんが、

「大林さん、尾道の音が変わりました」というんですね。たしかに風景が変われば音が変わります。ぼくの映画は、『転校生』から全部尾道の音で、ありものの擬音は使っていません。撮影が終わったあとも録音部だけ残って、音ロケをして帰ったりなどもしています。

尾道では、船の音や電車の音、海からの風の音、たくさんの自動車の音、信号

の音などが聞こえてくるのですけれど、聞こえ方が変わってきた。以前はそれらの音が山側の電車の走る音から海を走る船の音までクリアーに分離されていたのですが、ビルがふえて反射して混じりあってしまい、聞こえ方が変わってきたんです。

たとえば、昔の町の姿を守りながら残している大分県の臼杵《うすき》などでは、ここでは昔と同じ音がする、と暮らしている方がいいますね。臼杵では、その後ぼくは『なごり雪』を撮り、この町の話は『なごり雪』の項で述べますが、昔は本当に隣は何をする人ぞ、というように、隣の音を聞きながら暮らしていました。今、ぼくたちは、隣の音を気にしていたらプライバシー侵害、へたしたら殺されるといったような時代に生きています。そのため、ぼくたちは生活のなかの音に鈍感になっているのかもしれません。だから音の変化にも気がつかないし、何か大切な町の変化にも気がつきにくい。

ベテラン映画人が若い映画人に伝える厳しさと楽しさ

『あした』は、『青春デンデケデケデケ』の高橋《たかはし》かおりが主演で、その他にもたくさん少女が出演する集団劇です。あの頃、ぼくのニセ者が横行していたんです。「大林監督が会いたいといっているから、どこそこへ来い」とプロダクションへ電話がかかる。映画は大林、写真は篠山紀信《しのやまきしん》、これに出ればスター誕生といったふうに認知されていた時代でしたから、これほどの大手プロダクションが、軒並みなぜ騙されるんだというほどで、それで電話で約束した場所に行ってみるとぼくがいない。ある子なぞは、電話でですが一時間近くぼくと話したというんです。いい子だから相手の気持ちによりそって話をしたんでしょう。いくらなんでも可哀そうだから当人に会おうといって会ったのが宝生舞《ほうしょうまい》なんです。

本当にいい子で、「長いこと話をしたのがニセ者だと分かったときがっかりしたろうけど、ぼくが本物だよ」といって、その場で即座にデビューさせることを決めた。

宝生舞は、たしか『あした』の時もひとりで二ヵ月近く尾道にいましたか、朝早起きして山へ登ってお寺のおみやげ屋のおばあちゃんと仲良くなって、それで帰りにパンを買ってホテルへ戻って、部屋の掃除も全部自分でやってコーヒーを入れたところでぼくたちが起きてくる時間になる。撮影が休みの時は、会ったことのないおじいちゃんが同じ広島県の呉市のほうにいて、一日かけて会いに行ったり、そうやってすごしましたから、あとでふれるベテランの俳優さんから大切なことをいろいろと学んだことも含めて、『あした』の体験がひじょうに大きな財産になったのでしょうね。

それでその七年後の『なごり雪』で、こういう役を本当は宝生舞のような子がやってくれるといいんだけどなあ、と言い残しただけで、まさかと思っていたんですけどやるといって来てくれました。その後もいろんな映画やドラマに出ていますが、『あした』が人生のなかでとくに貴重な体験だったようですね。『なごり雪』でも、ずっと現場にいて、おじいちゃんおばあちゃんとも、最後は別れがつらいほどになっていました。

あの『なごり雪』のメイキングというのは、ぼくは宝生舞のために作ってやったようなものです。そういう子が育ったのが『あした』です。

『あした』では、根《ね》岸《ぎし》季《とし》衣《え》さんも印象的で、氷のような女、自分のセリフでも「生きたままおばけにされちゃった」という役です。愛する人がいるけど語らずという女性をやるんで、真冬の二ヵ月でしたけれど、ホテルの部屋に閉じこもって朝から晩まで氷の袋をほっぺたにあてて、顔をかんかんに凍らせて現場に来る。普段は大林組の宴会部長で明るくて、その前の『青春デンデケデケデケ』では、大林組の俳優さんに、今日はどこに行って飲もうと次々にさそって歌うたって、楽しい賑やかな女性なんですけどね。その根岸君が誰が来ても目を合わさず口もきかない。岸部一徳さんやベンガルが、「根岸君どうかしたんですか」というほどです。そして撮影が終わった日に嬉しそうにワインを一本私に出してきて、「これをいっしょに飲んでください」。このワインは一徳さんが彼女にプレゼントしたらしいのですが、そうやってぼくのところへ来たから一杯ずつ飲んで、「みんな待っているからそれ持っていって」というふうに始まって、赤いワインがきっかけに大宴会になったんです。

根岸君は、『廃市』の時は、役のイメージにあわせて体重を十キロ落としてきた。あの子が体重を落とすというのは、好きな酒を止めるということですから、大変なことなんです。そういう女優魂を見せたし、『女ざかり』のときはフレームに顔半分だけ出る客で、それを頼んだら、シナリオ一本書いてきました。ある女がいて、どこで生まれてどうこうしてどうこうして、ある日銭湯に来てその帰りに屋台のおでんやに立ち寄ったというところまでのシナリオで、「これでいいですか?」っていう。つまり、突然根岸季衣がわけもなくそこにいたら邪魔になる、だから私はワンカットですがちゃんと役になりたい、それでこういうシナリオを書いてみましたというんです。根岸君はそういう人ですね。

そして忘れもしないのが植木等《うえきひとし》さん。植木さんは仕事で尾道に何度かいらっしゃっていたんです。ぼくらが使うホテルに泊まっていらっしゃるので、「一度、お仕事いっしょにしたいですね」と差し入れをしたら、「いつでも馳せ参じます」というお手紙をくださった。それで、『あした』がちょうどあって、やってもらったんです。

この時の撮影現場は、寒い真冬ですから、俳優さんたちは丘の上の夏場だけやっているところを借りて暖かくして待機している。そろそろ準備が出来たよというんで俳優さんたちを呼びに行っても、女の人はもういっぺんメイクのチェックをしたりして小一時間は下のセットで待つことになるわけですね。ところが二、三日してから、じゃあそろそろ俳優さん呼びに行こうかっていったら、

「はい、ひかえてございます」

という声がするんです。見たら植木さんで、ニコニコ笑いながら、

「よけいなことだと思いましたが、私もこの世界長いですから、そろそろ準備ができると思いまして、勝手に降りて参りました。申し訳ないことで」

ゆっくりと落ち着いたどこかユーモラスな声でおっしゃるんです。それからまた二、三日して植木さんが、

「ひかえてございます」

というと、植木さんは最長老の方ですから、もう女優さんもみんな全員ひかえている。そうした中でも根岸君は寒風を受けながら氷の袋をほおにあてている。そういうすごい集団でした。

そして、大林組常連の坊屋三郎《ぼうやさぶろう》さんと植木等さんの競演シーンというのは、本当に昭和芸能史そのもののようで、演出している私がちょっと震えるほどでした。坊屋さんは、体の動きとリズムが命のボードヴィリアンで、もともとが即興的な芝居をする方ですから、シナリオがあってもセリフがはっきりと頭に入っているわけではなく、自分の即興も含めておおづかみなことでしゃべるんです。ぼくの映画のなかでも、ただ歩いていればいいシーンでもスキップを踏んだりして、そ

れが面白い。

この『あした』の時は、坊屋さんのシーンは三ページくらいにわたる台本、植木さんは台本を全部頭に入れてこられる人で、坊屋さんはいつもどおり台本を持ってきていらっしゃらない。これまで毎回は、坊屋さんは当然のごとくアドリブで、「監督、ぼくはどういうことですか？」「だいたいこんなことです」「ああ、わかりました」というふうに進むのですが、今回は植木さんとなので、さあどういうことになるんだろうと思っていたら、坊屋さん、「存じております」という。床屋のおやじの役の坊屋さんが、なじみ客の植木さんののどもとにカミソリをあてながら、「もしもだよ、この俺があんたを狙っているとしたらどうする？」とたんたんとした口調でいうと、植木さん「ふふ、信じている人間にやられるなら、まあ寿命だね」と。やってみると坊屋さん、三ページのセリフが全部頭に入っている。

坊屋さんにしてみれば、自分たちのコミックバンド「あきれたぼういず」は、エノケン・ロッパのエノケンさんのような、体をはったニッポンの芸人の系譜で、そうした跡をついでくれているのが植木さんなわけです。

戦前からエノケン・ロッパというのは二大喜劇の系列で、エノケンさんは体をはる、ロッパさんは言葉の喜劇。植木さんとほぼ同時代、森繁久弥《もりしげひさや》さんの時代になって、喜劇人の多くが体を動かすよりはデリケートな芸とセリフの芸人、ロッパさんの芸質になったんです。ところが、植木さんはエノケンさんタイプの系列としておやりになっていて、それを坊屋さんは自分たちの後継者とおみとめになっていたんでしょう。後輩が台本をすべて覚えて、台本を持たずに現場に入るということで、おそらく坊屋さんの人生で初めてじゃないでしょうか、三ページの台本を頭に入れてこられたのでしょう。

ぼくはいつも若い子たちに、先輩たちの芝居をみなさいということで、出番がなくても現場にいさせますから、こういうことを見ることができて若い子たちにとってはとても良かった。

そういう先輩に触れることができたから、宝生舞だけでなく林泰文《はやしやすふみ》も、彼はいっさい笑わないヤクザのちんぴらの役なので、彼は撮影現場で三ヵ月くらいひとことも無駄口をきかず、ぶすっとしていましたよ。先輩たちが来て、泰文はぼくのことを怒っているんじゃないかと心配するくらいでした。

高橋かおりも、あれからずいぶんいろいろな映画に出てきましたけれど、こうした貴重な体験があったからでしょう。つい去年のことですが、『あした』のことが懐かしくてひとりで尾道にやってきましたという手紙をもらったんで、今度の『転校生』にも彼女は出ることになったんです。

『あの、夏の日。～とんでろじいちゃん』

二十世紀も終わろうとしている一九九九年、新・尾道三部作の三作目、けじめとしての意味もあり、尾道でもう一本と思い撮った作品が『あの、夏の日。～とんでろじいちゃん』です。その十五年以上前、『転校生』を撮っているころは、原作とした山中恒さんの児童読み物は、大人たちからはエッチで破廉恥《はれんち》でと眉をひそめられていたのですが、その山中さんが、『とんでろじいちゃん』で野間児童文芸賞という大きな賞をお取りになった。選考者も井上ひさしさんで、その前とは評価する目が変わり新しくなったんですね。じゃあそれを原作でやろうということで取り組んだものです。

じいちゃん役の小林桂樹《こばやしけいじゅ》さんを初めて迎える時に、スタッフ全員に「小林桂樹さんは、映画全盛期、古きよき日本映画の頃からの俳優さんで、いい時代の現場をいっぱいご存知だろうから、その小林桂樹さんが、ああ日本映画の現場のよさがまだここにあるといわれるような、桂樹さんがハッピーになれるような現場を作ろう」という話をして撮影に入ったんです。

小林桂樹さんもさすがにセリフは全部覚えられてきて、台本を持っている姿を誰にもお見せになりません。この時ぼくははじめて尾道弁でセリフをやったんです。『転校生』のなかでもちらりとは尾道弁が出てくるのですが、全編尾道弁でやったのはこれが初めてです。桂樹さんは、前の晩に、尾道のスタッフの吉田多美重さんから、あの膨大な量のセリフを尾道弁でしゃべる指導を受けるわけです。記憶力も若いころほどはないでしょうし、無理な注文をしたかなと思っていたんですが、小林桂樹さんとその奥さん役の菅井《すがい》きんさんは、みごとな尾道弁をしゃべられた。

撮影途中で三日間、中休みのようなものがありまして、プロデューサーの恭子さんが、鞆《とも》の浦《うら》のお風呂にでもいきませんかと桂樹さんをお誘いしたところ、「せっかくですから」といわれていらっしゃったんですが一晩泊まっただけで帰ってこられて、「もう、十分味わわせていただきました。あとはホテルでセリフ

の勉強をいたします」とおっしゃって、その二日間を利用して尾道弁のセリフを頭に入れられる。桂樹さんは、

「シナリオは、私は百回は読みます。スタッフのあなたは千回は読むでしょう?」と若い助監督やキャメラマン助手に話をされていました。それは誇張でもなんでもなく、本当にそうなのでしょう。監督のぼくの場合でも撮影から帰ると台本の頭から終わりまで全部読み直して、翌日のことを考えます。ワンカット現実に撮っただけで、シナリオというのは様相が変わって筋が違うふうに読めてしまうことがあるんです。そしてセリフの変更でもあると、前後にも関連してたくさん変更箇所が出てきます。そういう意味で、ぼくも毎日三回は全部読んでいるでしょうか。

小林桂樹さんは、昔の、NGを出してはいけないという時代を生きてきた方です。撮影条件その他でキャメラがNGを出すことが時にあっても、俳優がNGを出すのは厳禁でした。というのは、当時の許可されるフィルムの供給量というのが、実際に使用される分の二倍半なんです。ヨーイ、スタート、カチンまでと、カットといった後もカタカタとキャメラの中で回るフィルムを足すと、もうそれ

で実際に使う分の二倍半近い。ＮＧというのは、ワンカットかツーカットしか許容量がなくて、三カット分は撮れないというくらい厳しいものだったんです。そういうことをきちっとやってこられた方ですから、ぼくが俳優さんにＮＧを出すと、とても悔しそうな顔をされる。それを若い俳優たちがみな見ている。

そして、この時で七十五歳というご自分の御年も自覚されていらして、尾道のシーンは毎カット山の上ですから、夏ですので汗をかかないようにゆっくりゆっくりと坂道を登ってこられる。誰よりも朝早く現場に着いて、汗をさましてから役柄どおりすましたお顔でみんなを迎えるんです。前の晩が遅かろうと朝早かろうと、きちんとそういうことをされていたので、始めのうちは、誰も小林桂樹さんが坂道を登っているのを見た人はいませんでした。いつも現場に行くと涼しい顔をして小林桂樹さんがいらっしゃるんです。それでやっぱり若い俳優さんたちがそれにならって、小林桂樹さんと話をしながら、朝早くから坂道を登っていくようになっていきました。

桂樹さんは忠実に演技をされる方なんで、主題曲の『ジョスランの子守唄』、これをおじいちゃんはどういうふうに歌うのか、演出するうえでは賭けだったのですが、見事に小林桂樹流で歌われましたね。「〽夢のまきまきに〜」これはもう、あのシーンに大ベテランの芸が滲んでいました。

面白かったのは、小林桂樹さんの役名の「賢司郎」、それと桂樹さんの少年時代を演じる「少年賢司郎」という役があるんですが、あるとき制作部さんが小林桂樹さんの出番に対して、「老賢司郎」と書いたんです。そうしたら桂樹さんが、「私の役目は賢司郎でしたが、今日は老賢司郎と書いてあるのですが、賢司郎とは別に老賢司郎というのがいらっしゃるんですか？」

みんなさすがに老賢司郎と書いてあるのが小林桂樹さんのことですとはいえなくなっちゃって、ははーっとなっていたら、

「はっはっはっ、私は賢司郎をやらせていただいておりまして、あの、私はよろしいんですが、私がやっている賢司郎は、（老賢司郎ではなく）賢司郎でございますよ」となんとも暖かみのあるゆっくりとしたあの声でおっしゃる。

こういうことまでもが、いわば映画の礼儀伝説ですね。スタッフ全員がいるところで、こうおっしゃって、桂樹さんも若いスタッフに、現場の厳しさとすばらしさを教えてやろうというお気持ちだったろうと思います。

そして何よりも、自分の少年時代に似た孫役の厚木拓郎《あつきたくろう》を可愛がられる。この映画では、いわばこの天才少年が主人公で、この拓郎が、尾美としのり、林泰文と続く大林映画の少年の系譜をつぐものです。ちょうど林泰文が『野ゆき山ゆき海べゆき』でデビューしたのと同じ年齢なんです。厚木拓郎は、尾道でうちの娘たちが撮ってくれた『マヌケ先生』の主演をやったあと、『淀川長治《よどがわながはる》物語』の主演をやって、少年時代の大林宣彦と淀川長治を演じたのだから、次は尾道三部作の主演をやらなきゃあ、といっての『あの、夏の日。〜とんでろじいちゃん』のキャスティングです。

小林桂樹さんと拓郎が山の中腹の撮影現場で待っているときのことです。桂樹さんは着物をつけたら、座って待つと着物がシワになるから決して座りません。立ったままお待ちになっているから、拓郎も立っている。電車が通過するのを待っていたのですが、俳優さんにはマイクを付けているので、拓郎が話をしているのがこちらには聞こえてくるんです。前の道を一般の車が通るのですが、「あっ、尾道にきたらやっぱり映画の町というだけあって、撮影している」といいながらみんな徐行して通るんですよ。それで拓郎が、

「ぼくたち撮影隊に気がついて、こっち見ている。みんなたくさん見ているなあ。だけど見ているのは小林桂樹さんのほうだなあ。小林桂樹さんは有名人でみんなが顔を知っているから、みんなが見るなあ。ぼくのほうじゃないなあ。ぼくのことはまだ誰も知らないからなあ。ぼくも早く大きくなって、大人になってえらくなって、顔が売れて、みんながぼくのことを見てくれるような俳優になりたいなあ」なんてひとりでぶつぶつぶつぶつぶついっているのがマイクを通して聞こえてくるんです。子供ながらに、小林桂樹さんのオーラを感じて、俳優として自覚してきていたのでしょう。

その日の夕方、夕陽が沈むころの貴重な時間帯のワンカット、もう十分間、もう十分間、もう少し暮れてきたときに撮影しようと撮影隊が、ぎりぎりの夕暮れの明るさを待っていたときです。夏の日は暮れるのが遅いですから一時間近くも待ったでしょうか。ようやく撮影が始まって、おじいちゃんとおばあちゃんとに拓郎がセリフをいっている最中に、拓郎の体ががたがた震え出して、そのうちおんおん泣き出した。どうしたのかと思ったら、芝居している最中におしっこをもらしたんですよ。いつ撮影がはじまるか分からないから、がまんしてがまんして待っていたんでしょう。そしてやっと芝居をしだしたらその我慢の気持ちが芝居のほうにいってしまって、気がついたらもらしはじめて止まらない。

「拓郎！　大丈夫だ！　まだ、五分ほど大丈夫だからすぐいって、おしっこして着替えてこい！」

そんなこともありました。その拓郎が今度の『転校生』ではすっかり身長も伸びていいお兄ちゃんになっています。

まだここにある日本映画の現場のよさと、壊される風景と

『あの、夏の日。～とんでろじいちゃん』では、その前の『風の歌が聴きたい』でデビューした勝野雅奈恵《かつのかなえ》という少女も出ていて、彼女は今でも大林組の映画でがんばっています。

もう一人がこのとき十三歳の宮崎《みやざき》あおい。彼女は、映画俳優デビューが大林組といったら少し重たすぎるような、そうした作品に出演する世界へ行ってしまいましたが、あの子は、目の下にクマのある文学的風情のあるいい少女で、その後の映画やテレビではそうした特徴をあえて消してしまってのアイドルタレントの

ようなのですが、『おかしなふたり』の南果歩《みなみかほ》の再来のような、味わいのある子でしたね。

　この作品で彼女はヌードになるシーンがあって、そのときまだ十三歳ですから、「ヌードになるけどいい？」と聞いても「はい」といっていたのですが、撮影当日急におびえているように涙を流しているんです。「どうしたんだい？」ていったら、少年賢司郎君に、ほのかな恋心をもってしまったようなんです。そしたら彼の前で裸になるのが恥ずかしくなった。その涙だったというのをあとになって聞きました。メイクさんの憶測でもあるんですが、まあ乙女心も芽生える年頃の可愛いエピソオドでしょう。

　宮崎あおいも、勝野雅奈恵も、ベテランの映画人の立ち居振る舞いを現場できちんと見てきているから、いい体験になっているんですね。一本映画を撮るとなると、ひとつの季節を大人も子供もいっしょになってすごすわけで、大林組というと、若い子が賞を取る映画といわれていましたが、『あした』の植木等さんも、『あの、夏の日。～とんでろじいちゃん』の小林桂樹さんも演技賞を取ってくださいました。老巨匠お二人にも取っていただいて、これはとてもよかったと思っています。

小林桂樹さんとの話といえば、黒澤明監督の『椿三十郎』、この映画出演にまつわる話をあるときしました。この映画は、黒澤監督の前作の『用心棒』、これは三船敏郎《みふねとしろう》主演で大ヒットした昭和三十六年の映画ですが、この作品がイタリアで翻案されてマカロニウエスタンを生んで、世界の映画界にも影響を与えた、それの続編が『椿三十郎』です。ぼくは黒澤監督の『夢』のメイキングを撮ったりして、ずいぶんと黒澤さんとはお話をしたんです。『夢』のときは黒澤監督から黒澤組のスタッフに「大林君の『さびしんぼう』はいい映画だから見るように」と指令が出たりもしたそうです。その黒澤監督からうかがった話を小林桂樹さんにしたんです。

「桂樹さん、『椿三十郎』は、あなたの主演でとぼけた味わいで黒澤監督はやりたくて、楽しみにされていたんですよ」といったら、桂樹さんは、はらはらと涙を流されて、

「それは、私、存じ上げませんでした」

黒澤監督は、頭が切れてめっぽう強い浪人侍の『用心棒』の次には、穏やかで

とぼけた味わいのある時代劇を作りたかったんです。それには、小林桂樹さんの主人公がいいと。ところが『用心棒』が大ヒットしすぎて、黒澤監督も東宝を飛び出しちゃってご自分のプロダクションを作っていたところなので、東宝から『用心棒』の続きならといわれて、やむなくまた三船さんを連れてきて、続編の形で『椿三十郎』を作られた。そして小林桂樹さんはわき役に回ったというようなこともあったらしい。

『椿三十郎』は、入江《いりえ》たか子さんと団令子《だんれいこ》さんという奥方とお嬢さまの浮世離れした味と、小林桂樹さんのがんこだけれどユーモアを感じさせる役とが絡む、人を斬らない不思議な時代劇にしようとしていたのかなあ。それがくずれてしまったので、やけくそでラストに日本映画で初めて盛大に血が吹き出る大決闘シーンを作った。

黒澤明監督が亡くなられたときのお葬式に行ったら小林桂樹さんもいらしていました。俳優さんは黒澤組の人しかいないような部屋で、普通なら黒澤作品には『椿三十郎』のわき役にしか出演していない小林桂樹さんがいらっしゃるところではなかったのですが、桂樹さんがあそこにいらして、深々と頭を下げていらっしゃった。それはやっぱり、自分が演じなかった椿三十郎に、黒澤さんが期待してくれていたことに対するお礼に思えました。前のほうにいらっしゃったので、ぼくと桂樹さんの目があって、合図のようにされていたのは、いま、お礼の言葉をお話し、ご冥福のお祈りをしてきました、と桂樹さんぼくに話しかけているようでした。ま、これはぼく流の脚色ですが。

海を飛んで向かいの島に行くという『あの、夏の日。～とんでろじいちゃん』の話は、まさに尾道が舞台としてうってつけなのですが、この作品を撮るのに当時の尾道はもうふさわしくなくなっていました。自然の緑がある、フナやドジョウがいる小川がある、土の道、地道（じみち）がある。こうした舞台なのですが、尾道にはそれがない。このとき広島県の山の中を全部といっていいほどロケハンしましたが、山の中もアスファルトの道で地道がない。そのとき気がついたのは、見て回ったところに小川さんという家が多いんです。昔は小川がいっぱいあったんでしょう。これが全部、両側をコンクリートで箱型に固められて側溝になっている。両岸の草を洗いながら水がこんこんと流れるという小川ではないんです。もしこれから苗字をつけるなら、広島県は側溝さんという人がいっぱい出るねなんて嬉しくもない冗談をいいながら、撮影にふさわしい場所を探していました。

『あした』のときも、イメージに合う砂浜を探して広島県じゅうを探したのですが、どこも護岸工事をされていて、いい砂浜がもはやないんです。二十年も前から尾道を知っているスタッフも、昔のイメージのままで、そんな浜などいくらでもあって簡単に見つかると思っていたら、これがないのでびっくりしていました。島の周りに道路をつけて海岸をコンクリートで固めて海と島が分断されて、へんなたとえですが、島が歯周病のようになっている。

『あした』で海、『あの、夏の日。〜とんでろじいちゃん』で山と、わが古里は緑も地道も砂浜もない、それならば映画的テクニックを使ってでも尾道でやろうということで、ぼくの尾道もので初めて本格的に合成を使ったんです。まだ今のCGの時代ではなかったんですがフィルムでやったCGの先駆けのようなものです。広い道をちょっと狭くするとか、人物と背景の関係とかあの映画は八割がた合成を使っています。この映画のときには、尾道から向島《むかいしま》にわたる二本目の橋が出来ていて、狭い海に一本あればいいのに、かたほうは、四国に行くためのものだから役割が違うということで二本目を作ってしまった。二本目の橋などは、初日こそ車でいっぱいでしたが、今は通っている車は少ないんです。

この映画はその完成記念で、尾道市制百周年記念映画でもあったのです。これはぼくの反骨精神でもあるんですが、小林桂樹さんの少年の頃の尾道として、その橋を映画ではきれいに消してしまったわけです。それが新旧尾道三部作最後の作品となりました。

第三部　二十一世紀の山彦語る

第五章　大分、信州　山彦の映画づくり

『なごり雪』

いま、日本全国に数多くフィルム・コミッションというのができています。これは、行政主導で映画のロケを誘致したり、ロケの手助けをやりましょうという組織ですが、そのほとんどは観光客誘致のためのものです。

山形県の米沢というのは、ぼくの大好きなところで、米沢牛というのは本当においしい。そこがテレビドラマの舞台となって、最初の仕事がテレビでの『米沢牛殺人事件』。どんなものかとたまたまそのオンエアを見ていたら、米沢牛のすきやき鍋が、殺人事件で血で真っ赤になる。それ以来ぼくはしばらくは、米沢牛が食べられなくなってしまいました。米沢牛の名前は売れたかもしれませんが、血染めの米沢牛では、せっかくの名物を台無しにするようなものです。でもそういうことをやらせてしまう危険もあるのがフィルム・コミッションなのです。

ところが二〇〇一年クランク・インの『なごり雪』を撮った大分県の臼杵は、市長さんが、「映画なんて撮ってくれるな」ということからはじまったわけです。「この町の穏やかさ、静かさを守りたい。そっとしておいてください。映画はやってくださるな」

という後藤國利《ごとうくにとし》市長に、ぼくは感動して、

「こういう町でこそ、映画をつくりたいんだ」と口説き、それで『なごり雪』からはじまり『22才の別れ』へと続いていくぼくの〝大分映画〟が生まれました。

ご存知のように、映画の発想の元となった同名の歌、この二曲は、三十年以上にわたって聴き継がれ、歌い継がれている、いわばフォークソング史に残る名曲です。共に大分県出身の伊勢正三《いせしょうぞう》作詞作曲、映画はそれをベースにした作品です。

ちょうどフォークソングが若者たちのあいだでよく歌われていたころ、臼杵の町は企業誘致に成功して、大セメント工場が来ることになりました。それに市民が反対します。モノとカネで豊かにならなくてもいい、緑の山や狭い道、ダンプが走らない町、人が身を寄せて歩くような町をそのまま残したいからと、追い返してしまったのです。だから三十年前からちっとも変わっていない町です。映画ですら、企業誘致と同じだから要らないというのですから。

ぼくにとっては、映画の聖地になるような町です。

ここでぜひ映画を撮りたい。

そしてその映画を撮りだしたら9・11が起きて、

「そうだ、本当に映画ですら、大企業と同じような罪を犯してきた。『スター・ピース』をつくればいいものを、『スター・ウォーズ』をつくってしまったのだから」

という反省がぼくたちの中にも生まれる。

臼杵では、フィルム・コミッションというのもつくりません。

ぼくたちの『なごり雪』のロケ隊が帰ったあとに、ある製薬会社のコマーシャル撮影隊が臼杵に来て、ひどいことをして帰ったというのです。ひどいことといっても、タバコの吸い殻を捨てたり、無断でクルマを停めてしまったり、まあロケ隊がよくやることです。

でもぼくたちは、自分たちで吸わなかった吸い殻も落ちていれば拾うし、ロケ隊が来る前より来たあとのほうがきれいになるように、というのを心がけているので、町の人たちは、映画のロケ隊とはそういうものだと思っていて、吸い殻を捨てるスタッフがいるなどとは信じられなかったのでしょう。

市長が製薬会社に手紙を書いて、「フレームの中ではいい映像が撮れたでしょう、臼杵はいいところですから。でもフレームの外で、あんなめちゃくちゃなことをするスタッフがいるのでは、あなたの会社の薬は信用を落としますよ」と。そうしたら、会社の社長代理がすっ飛んできたそうです。

その話をたまたま耳にしたあとに、市長さんと話したら、

「監督、もし、フィルム・コミッションをつくったとしたら、フィルム・コミッションの仕事っていうのは、こういうことをちゃんとやることですよね」

「そうなんですよ、まさに」

ところが現実には、フィルム・コミッションが力を入れがちなのはどこも観光客誘致であり、商売です。文化の発信とか、信頼の蓄積といった視点が欠けています。

美しい日本人が住む町

臼杵に住む人たちは、白塗りの土塀やきれいに敷き詰められた敷石は、観光地みたいで大嫌いだと考えています。だから土塀はみんな見事に古びているし、昔ながらの敷石で歩きにくいけれど、自然の感じがします。それに、三十年前から変わっていないからといって、決して落ちこぼれている町ではありません。敷石の下には、おそらく日本一のレベルでしょう、ブロードバンドが敷き詰めてある。でもそんなことは誰も自慢せず、自慢するのは風も日差しも変わっていない昔どおりの町のことだけです。

そういう町だから、住んでいる人が、昔のままの美しい日本人なのです。その昔ぼくが少年だったころ、大好きだった日本人。

臼杵の町には、道が狭くて車が曲がれない角がいっぱいあって、軒を十五センチも切れば車は曲がれるようになるけれど、ツバメの巣があるから切らない。「ツバメが帰ってきたときに、家がなかったら困るでしょ。車は真っすぐ行って、町を出てくるっと回って、こっちからこっちへ行けば、ここで曲がらなくても行けますよ。まあ、ものの五分も違いませんよ」

この町の人たちは、スローライフをちゃんと行《おこな》っています。

消防自動車も、いまは日本じゅうどこへ行ってもまず借りられませんが、大分の撮影では、消防自動車が一台いてくれました。雨のシーンでは雨を降らせてくれる。ナイトシーンだというと、水を撒いて路面が光るようにしてくれる。最初に消防署に頼みにいったとき、消防署の方が涙をこぼさんばかりにして、「私たちの撒く水が、故郷が美しく映ることに役立つ雨になるんですか、嬉しいなあ」と言って、参加してくれました。

警察も、道路使用許可を取れればそれでいいのですが、頼みもしないのに、県警のおまわりさんが二、三人来てくれる。ぼくがスタッフに、

「ここの一方通行の道に車を逆走させたい。おまわりさんがちゃんとやってくれれば、逆走できるかもしれないから、突然だけれど頼んでみろ」

スタッフがおまわりさんに頼むと、すぐに仲間のおまわりさんに連絡して許可を取ってくれて、一方通行の進入禁止の標識も全部取り替えて、ほんの数十分で安全なように整理してくれる。しかもおまわりさんが、

「監督、邪魔な車があったら言ってください」と話してくれるので、

「できればあの車と、あれと、あれがなければさらにいいんです」

「わかりました」

全部片付けて、撮影隊に渡してくれる。

「大分をきれいに撮ってくださって、ありがとうございます！」というのがここの警察なんです。こんなすばらしい警察、日本じゅうどこにもありません。大切なものを守ってきた町だから、行政も市民もみな同じ美しい日本人なのですね。

その臼杵の町でも高度経済成長期には、日本じゅうどこもそうだったように、雨の日でも買いものがしやすいという理由で商店街をアーケードにして、近年は、錆びた鉄骨に支えられて古びて暗くて人通りもないといった状態でした。臼杵では、そのアーケードを数年前に取っ払ったんです。そうすると人がもうワーッと出てきて、いまはいい町になっています。アーケードを撤去した日、テープカットに参加してくれと市長からの要請があって出かけました。

すると当日、雨が降ったんです。市長が、

「大林さん、これからは臼杵の町に臼杵の雨が降るんですよ」

こうした言葉には本当に感動します。いままで臼杵の町では、臼杵の雨を嫌って生きてきたのですから、恐ろしいことです。

そういうことに、市長がオピニオンリーダーとして、いち早く気がついてくれている。そういう町で映画がつくれると、違う映画ができる。

「なぜ、監督は九州に来るんですか?」と聞かれますが、「ぼくは九州に来てるんじゃない、美しい日本を求めて旅したら、ここに来てしまうんだ」という言い方をしています。ですから大分では、ぼくが行くと「おかえんなさい」と迎えられて、「ただいま」という関係に、もうすっかりなっています。

ぼくがいま尾道で映画を撮らないのは、喧嘩しているから撮らないのではなくて、尾道で映画を撮って美しい映画にする自信がまだないからです。大分や臼杵であれば、ぼくの才能とは違うところで、映画が勝手に美しくなっていってくれます。

『22才の別れ＝Lycoris——葉見ず花見ず物語』

大分映画の二作目となる作品『22才の別れ＝Lycoris《リコリス》——葉見《はみ》ず花見《はなみ》ず物語』は、『なごり雪』を撮ったときの伊勢正三さんとの縁でできた映画です。『なごり雪』は当初、ストーリーも題名も決まっていず、ただ臼杵でつくる映画というプロジェクトでした。その映画を撮ろうというとき考えたのは、ぼくは大分が故郷ではないので、作品にどんな間違いや失礼があるかわからない、故郷の人に一人参加してもらって映画をつくりたい。それで、伊勢正三さんがあの土地の生まれなので、彼が作詞作曲したフォークソングの『なごり雪』をベースにした映画にしようと決めました。

やはりそれでよかったなと思うのは、最初のシナリオでは、ダンプの事故で主人公が死にかけていることになっていました。でもそのシナリオを、伊勢さんに、

彼のことを仲間は「正《しょう》やん」と呼んでいますが、正やんに撮入前に読んでもらうと、

「いいシナリオだけど、臼杵の町でダンプの事故って、あるかな～」

そう言われて、ぼくははっとします。

「企業誘致を断った町だもの、あったら変だよね」

それで、ミニバイクで、ネコをよけそこなって死んだということにする。あの町で、ダンプの事故は変だというのが、やはりそこを古里とする人の指摘です。ぼくがどんなに考えても、どこか愚かなところが残ってしまう。

撮影に入ったときに正やんが、

「監督、ぼくは本当はここから山一つ向こうの津久見の町が古里で、監督から見れば、大分の山一つ向こうとこっちじゃ同じに見えるでしょうけれど、津久見はまたちょっと臼杵と違うんですよ」

という言葉を聞いて、心に痛いものが残っていました。

「じゃあ正やん、いつか津久見でもう一本撮ろう、そのときは『22才の別れ』を撮ろう」

そういう約束をして別れていたんです。

映画というものはそう簡単にはつくれないので、いつ約束が果たせるかなと思っていたところ、たまたま二〇〇六年に、ダイアックスという新しい会社ができて、映画を文化として考えたい、商売抜きに考えたいという話が、うちにきました。映画にはいろんな作り方があるから、用途に合わせて三本作ろう。二人の新人をデビューさせたいというので、その二人の新人をデビューさせる映画をまず一本考えようということになった。

そのころ恭子さんが持っていた絵本に、彼岸花のページがあって、曼珠沙華《まんじゅしゃげ》、死人花《しびとばな》、墓花とも言うと。そこに「葉見ず花見ず」という別称もあるのを初めて知りました。

ひとつの命なのに、葉が出るときは花がなくて、花が咲くときは葉がない。これを男女二人の状況に当てはめて、その新人二人が世代を越えて、つまり母子となって、同じ男性を恋する、というのをつくったらおもしろいぞというので、シナリオをつくったんです。

スタッフを集めて、さあこれをどこで撮るか。いいとこあるかい？　と聞くと、

「あれから五年ですよ、監督。大分に戻りたいですね」

みんなそう言います。

「そうか、大分か。じゃあ『22才の別れ』、正やんとの約束果たすか」

それで、葉見ず花見ずに『22才の別れ』をジョイントさせて、ともに二十二歳のときに別れるという話ができました。それで津久見に行ってみたのです。

すると市長さんが、「よく調べていらっしゃいましたね」とおっしゃる。

何をよく調べたかというと、この作品の主人公の名前が川野俊郎。新人の鈴木《すずき》聖奈《せいな》に、撮影のある日もない日もずっと一緒にいさせて、あの子には「撮影がない日には町を歩きなさい」といっていたんですが、彼女が「お墓にいったら川野という名前がたくさんあった」というんです。津久見に多い家の名なんですね。

でもこれはまったくの偶然です。

四十四歳の主人公が一人で夜、自宅で模型の列車と戯れている、これで現代の孤独が出せるというシナリオを書いていたら、それを読んだ津久見の正やんの同級生が、

「そうなんですよ、昔子供のころ、正やんのうちに遊びに行くと、あいつおもち

ゃの電車の線路の真ん中に座って遊んでましたよ」

それも偶然です。

現実に津久見で撮影していて、一本のいいみかんの木があるので、そこの道を二十二年前の二人と二十二年後の二人、つまり二世代にわたって恋した同じ男性と歩くというシーンを撮っていたら、

「ここで撮影されると伊勢さん喜ばれるでしょうね」と村の人がおっしゃるから、

「どうしてですか」って聞くと、

「だって、あのみかんの木は伊勢家のみかんの木で、正三さん子供のころお父さんと来て、あそこでみかんをもいで遊んでましたよ」

映画というのは「つじつまの合った夢」というのですが、いろんな夢を描いて、結局最後につじつまが合ってみたら、まさに正やんの津久見のために書いていたようなシナリオでした。

文明に協力した町と、文化を守った町

津久見は、臼杵とはまったく逆に、天然の石灰石を生かして、こちらは日本一のセメント工場の町。なんと津久見の山一つで、日本全体の二割のセメントをまかなえるそうです。その代わり、町から見る山は大きく白く削られている。

臼杵で撮った『なごり雪』では、開発をせず、古くていいものを守りぬいた町のよさを描いたのですが、『22才の別れ』を撮りに津久見に行くと、日本の産業発展に貢献してきたということを皆が誇りにしているから、それも描きたい。山は削られて低くなったけれど空は広くなりました、というふうに、故郷を愛する気持ちがそこにあります。何もない空を指して、

「私が小さいころはね、山があのへんまでありました」「何もないところに緑の山が見えるんですよ、私たちのイメージの中には」

そういう顔がみんないい顔なんです。

文明に協力した町と、文化を守った町。まったく異なった生き方をした町ですが、文化も文明もどちらも大事なわけです。あの町自体が、モノや金が欲しくて山を削ったのではない。せっかくの資源が日本のために役立つならそうしましょ

という、誇りを持っている町なのですね。

臼杵と津久見、山一つはさんだ故郷は、この歌が歌われてきた三十年のあいだ、文化と文明というまったく正反対の道をたどってきた。その三十年を描きたい。

伊勢正三さんがまだ無名時代に東京に出て、二十歳を少しすぎたころ、『なごり雪』と『22才の別れ』を一晩で二曲ともつくってしまったのですね。それが三十年経ったいま、日本人の〝スキウタ百選〟に両方共入って、いまだに歌われ続けています。

『なごり雪』は、東京駅の歌だ、上野駅の歌だ、と思っている人も多いのですが、『なごり雪』も『22才の別れ』も、津久見の駅や津久見の町の思い出でつくられた歌なのです。彼が古里のことを考えて、東京の下宿で、いちばん素直な気持ちになったとき、ふっと出てきたのがこの二曲です。

『なごり雪』は、正やんと同じように都会に出てきた少年と、故郷に残って友達の恋人を妻として生きた男との物語です。失ったものと得たものとは何かといえば、モノとカネは得たけれど、人間としての幸せは失ったということで、最後に主人公が号泣をするという、あれは贖罪《しょくざい》と号泣で終わった映画でした。

『22才の別れ』では、日本人を六十代、五十代、四十代、三十代、二十代と描きわけてみました。

六十代というのは、まさにぼくの世代であって、モノとカネがありさえすれば、日本はもう平和だと思った世代です。ぼくたちは、心というのは当然あると思っていたし。戦後に平和が来て、なかったのはモノとカネですから。

ところがその下の団塊の世代は、懸命になってモノとカネのために働いてしまった。そのため、心を忘れてしまわざるを得なかった。

その下の四十代は、モノとカネを得て豊かになった社会で生きているけれど、心を忘れちゃ生きていけねえぜ、というのをどこか本能で知っている。けれども親たちの世代がそれに振り向きもせず生きてきたせいか、どこか現実離れしていて、ノストラダムスの大予言にあった人類滅亡のようなことを信じて生きてしまった。無気力、無関心世代ともいわれます。

パンフレットに平田オリザ君が、「四十代のぼくたちの世代が、日本で初めて、親に我慢しろと言われなかった世代」と書いてくれたように、まさにあの世代から、親が、親というのはぼくたち六十代ですが、子供に我慢しろと言わなくなった。

つまり清貧であるとか、足るを知るというのをわれわれが忘れさせたのです。子供のときからモノとカネだけは何でも手に入る。でもそれでは満たされない、親は振り向いてくれない、そういう孤独な四十代。

その恋人の三十代は、そろそろ少子化が進んで、子供を産まないという社会にもなってきている。しかしやはり子供は産みたいと言いつつも、無精子症で子供を持てない恋人を選んでしまうような三十代。

ここまでは、高度経済成長のモノカネ世代の犠牲者です。ここまでならばやっぱり号泣の映画ですが、その下の二十代、それはぼくがいま知っている学生たちです。これが『22才の別れ』では、希望の世代になるのですね。

これは恋愛映画ですが、その恋愛は、四十代の男性に二十代前半の女性が「援交してください」と言うことからはじまります。そんな恋愛映画はあり得ない。ですが、アイラブユーなんてもう言えない、「援交してください」としか言えない世代の考えは、肉体関係は持つけれど、それはモノとおカネのためであり、人と人との心が関わりあうという関係は拒否しています。そういう世代が本当に人と関わりあう恋愛が描けるか、というのが『22才の別れ』のテーマです。

もう一人彼女のことが好きな二十代の男性がいるのですが、彼は自分の年収が百万円ではモノとカネが不足しているから、恋人としての権利がないと思っている。二人は一つ屋根の下で暮らしながらも、ルームシェアリングといって、関わりを持たないようにしている。男と女が一緒に暮らしていて愛も肉体関係も持たないなどというのは、先行世代からは信じられないことです。

そういう人たちがきちんと恋愛をする、子供もつくる、そういったエンドマークを迎える映画をつくってやろうというのがこの映画です。

そのことに『22才の別れ』という歌が、非常に効果的に生きる。

主人公の男性は、二十二年前にも、母にあたる女性とキス一つしないで別れる。でも二十二年前は、肉体の関係ということへの罪悪感もあったし、それゆえのプラトニッククラブ、純愛というのも当然あって、肉体関係を持たないまま、それゆえ二十二才の別れとなった。

いまの二十二歳は、むしろモノとカネの関係だけを求めて、人と人とは関わり合うまい、ということで別れを歌う。まったく肉体関係を持たない別れ、でもそのことの意味が違うぜ、ということを前提としておいて、ゆえに現在の二十二歳は、結局は人との関わり合いを持って、恋人と結婚して子供を産んで生きていく。

そういう未来をエンドマークの向こうに持つ意味で、この映画はハッピーエンドになった。だから『なごり雪』と『22才の別れ』は、一卵性双生児みたいな映画ですが、五年の経過のなかで、ぼく自身が若者とつき合ってきたという体験を通して、贖罪と号泣の映画が、今度は未来に希望を持つという、ハッピーエンドの映画になったわけです。

『転校生』ふたたび――この映画の観客は、お前の孫だぞ

二〇〇五年の冬のはじめ、信州の長野から来客がありまして、「五十年後の長野の子供たちに観せたい映画をつくってください」という依頼を受けました。『なごり雪』を撮るときの大分の人たちの、「ここで映画を撮らないでください」という言葉も、心を打たれましたが、この長野の人たちの依頼も、変な依頼ですが、その気持ちもよくわかることもあって、それが新しい『転校生』につながっていきます。

長野の人はそういう突拍子もない話をされたけれど、ではどんな映画が五十年後に残るかといったら、そんなもの想像もつかないし、つくれるわけもない。まあ、嬉しいおもしろい話を長野の人から聞いたなと、それでも長野に行って、どんな映画ができるかという調査をしました。童謡や小学唱歌の発達した地ですか

ら、そういうもので綴る映画もあるかな、でもそれはどこか違うかなと感じていました。

そのころ別の仕事で講演に行ったときに、四十四歳のお父さん、『22才の別れ』と同じ世代の方から、

「私が十代のころ大林監督の『転校生』を観たときの幸せ感が忘れられない。自分の子供がいまちょうど十代で、そういう映画を観せてやりたいけれど、いまはそういう映画がもうない。だから、うちの十代の子供たちのために、『転校生』のような映画をつくっていただけませんか」

と言われて、たしかにいまの子供たちへの映画をつくることは必要だなと思ったのですが、「のような」とはどんな映画か見当もつきません。

ちょうどその年の秋に一本映画をつくる予定がありました。ぼくも大好きな日本映画界の大スター、大女優さんで、ちょっと初老になられましたが、初老になったジャンヌ・モローかブリジッド・バルドーのような方、まさに彼女で「女優映画」をつくってやろうと、大いに乗って楽しみにしていました。ですがぎりぎりになってその女優さんが、相手役の男優さんが嫌だ、「私が選びたい」と言い

出したのです。

女優という仕事には、ボクは敬意を持ち尊重もしますけれど、映画をつくり相手役を決めるのはぼくたちであって、すなわちプロデューサーやぼくであって、女優が相手役選ぶなんていうのはとんでもない。

ところが、いまの社会はそれが普通で、テレビ局ではしょっちゅうあることだそうです。ぼくの知っている男優さんが急に仕事がなくなった。どうして、と聞くと、「女優さんがおれを嫌なんですって」と仕事を降ろされたりするケースがいっぱいあります。

ですが世の中の常識であっても、ぼくの常識ではないから、

「じゃ、この映画やめようや、この女優さんを使うといってはじまった企画であるから」と、あっさりとやめにしてしまったのです。やめたのですけれどここにスタッフはいるし、ギャランティも必要だし、現実的には大変な事態です。

そういうときに、その映画を一緒に止めた鍋島壽夫《なべしまひさお》君という古いつき合いのプロデューサーが、彼は尾道の映画は一本もやったことがなくて、尾道が大好きだから、

「大林さん、『転校生』やりませんか？　あれならシナリオもあるし、すぐやれるでしょう？　監督の古里だし」

でもあの『転校生』をもう一度やるわけにいかないし、やれないし、尾道はもう本来の尾道ではないし、小林聡美はもう四十過ぎているし、悪い冗談だと思ったわけです。

だからぼくは、「うん、尾道以外でならね」と答えた。これは当然、「無理だよね」っていう意味です。そうしたらたまたま横で運転していた恭子さんが、ぽつっと、

「あっ、長野でやったら、何かがはじまるかもしれないわ」

その言葉にぼくは、「あっ、それはあるな〜」と思ってほんの十五秒ほどで、『転校生』をやろうと決めてしまった。

事務所に帰ってみんなに『転校生』やるぞって言ったら、スタッフたちの中堅どころは『転校生』を観て映画界に入っているので、

「『転校生』やるんですか？　うそでしょう、そんな怖ろしいものやっちゃだめですよ」

「でも、昔の『転校生』ではない、新しい『転校生』やるからな、信州長野でだぞ」

「え〜っ、長野で『転校生』ですか！」

信州長野での『転校生』は、これも偶然ですが、考えてみるとぼくの中で納得する理由がありました。その一つは、この本の最初で述べたことです。

ぼくはこの数年、キャメラを持つと、キャメラが海ではなく山を向いてしまうようになった。山を向いて手を合わせる。それは、日本人が古来大切にしてきたもの、ぼくの中に眠っていた本来の日本人としてのＤＮＡが、山彦となってぼくを目覚めさせている。

それに、高度経済成長期からバブルへの時代に、ぼくは、尾道の開発をするな、間違った町興しをするな、と言って、行政と喧嘩をしながら映画を撮り続けてきた。その尾道での第一作となった『転校生』を、バブルもはじけ、失われた十年も過ぎて、学生たちが清貧や足るを知るを愛するようになった時代、里の人たちが、町が変わっていなくて夜は暗いからいい、お月さんがきれいだからいいと言いはじめたこの時期に、山の里でもう一度『転校生』を撮ることは、自分として大変筋道の通った映画づくりではないか。

そう考えると、信州長野を舞台にして撮ろうと、ぽんっと気持ちがいった理由がわかってくる。そのことはリメイクでもなんでもなく、むしろいまの時代の『転校生』をもう一度つくり直すことが、ぼくにとっても意味がある出来事になったわけです。

二十五年前の『転校生』の時代は、ちょうどウーマンリブが栄えたころで、男女同権、女が強くなるのはいいことだけれど、一方で、「男らしくない男、女らしくない女が多くなったのは嘆かわしい」との声も多くなって、女は家庭に戻れとか、女は女らしく控えめで貞淑になれとか、戦前の男尊女卑の延長で捉えられていました。それを、『転校生』の原作『おれがあいつであいつがおれで』の作者・山中恒さんは、

「それはいかん、むしろ、男から見たあこがれの女、女から見たあこがれの男のような関係でお互いがいなきゃいかん」

それで、お互いが入れ替わって、お互いが理解していく話をつくられた。だからお互いがもう一度入れ替わって、元に戻って、「さよならオレ、さよならワタ

シ」でいい。

けれどもそういう時代は過ぎてしまって、いまは子供たちの中では生と死の問題が、非常に大きな問題なはずです。生きて子供をつくって、種の保存、種の繁栄をさせていかなければならない人間が、お互い同士殺し合いをしだしています。生というものの大事さを描くために、自分の性と死にかけているお前の性とを取り替えてみよう。体を取り替えてみよう。

そうするとひょっとして、おれが生きるということは、お前が死ぬっていうことか。お前が生きるということは、おれが死ぬっていうことか。それは結局、共に生きるということじゃないのか。人間は、自分の命が終わったときは死ぬけれど、誰かの記憶の中に生きているときは、まだ生きているんだ。誰からも忘れられたとき、もういっぺん死ぬんだ。おれが死んでもお前が生きていて、おれのことを覚えていてくれれば、おれは生きている。

そういう意味でお互いの命を大事にしようというテーマこそが、今回の入れ替わりの物語です。生と死が入れ替わるというテーマになったことで、昔の『転校生』とは、作品の肌合いもまったく違ったものになったのです。

五十年後には、ぼくは間違いなく死んでいます。でもこの『転校生』が五十年後に見られるとすれば、そこにぼくがいます。

さらにもっと言えば、ぼくがいま生きて映画をつくっていれば、ぼくの中に黒澤明も小津安二郎もウィリアム・ワイラーもジョン・フォードも生きています。彼らがつくった映画の記憶が、ぼくの中で映画をつくらせています。ということでは、黒澤さんも小津さんも、ぼくが生きている限り、ぼくがあの二人を尊敬して映画をつくっている限りは、まだ生きていらっしゃる。

五十年後の子供たちが観るときにも、おれは生きているぞという『転校生』をつくることが、この映画の一つのメッセージにもなってきます。

十五歳の主人公、蓮佛美沙子《れんぶつみさこ》君にも、

「いいか、この映画の客は、お前の子じゃなくて、もうお前の孫だぞ。お前の孫が五十年後にこの映画を観て、『おばあちゃんが若いころの映画だ、五十年前のおばあちゃんだ、いや～いいなあ』といって観てくれて、『五十年前ってどんな時代だったんだろうね～』って話になったとき、『五十年前には、戦争ってものもあったそうだよ』『戦争って何?』『人と人とが憎み合って殺し合うんだ』『そんな、人間がばかなことするわけないじゃないの！　うそでしょう、戦争なんてそんなものなかったでしょう？』って子供たちが言いながら、この映画を観て家路をたどるような時代になるし、なってほしいんだよ。そのためにいま君は、頑張っているんだよな」

蓮佛君と、こんな話をしながら撮っていたというのが『転校生』です。

大きく報道された「大林監督、尾道を叱る」の理由

ぼくが尾道を叱っている、と朝日新聞が大きな記事にしたことがあります。記事の大きさにはびっくりしましたが、映画のロケセットを残すことについては、黙っているわけにはいかないのです。

尾道では、二〇〇五年に映画『男たちの大和ＹＡＭＡＴＯ』のロケが行われました。そのとき尾道市は初めて一億というお金を用意して、ロケセットの戦艦大和をわざわざ作り直して、小学生からも大金を取って見せて、四、五億円を売り上げたそうですから、金銭面では成功したわけです。

いっぽうぼくの自慢は、尾道三部作、新・尾道三部作をつくった尾道に、映画

の記念碑やセットを残していないことです。なぜなら、映画を観た人の心に残ったものが、かけがえのない記念碑だからです。セットはスクリーンに映し出されて初めてリアリティを持つもので、単なる張りぼてを実際に訪れてしまうと、心の中の記念碑が壊されるだけなのです。

ぼくは、セットを残そうという提案はすべて断ってきました。尾道市の行政の人たちとしては、いままで尾道には大林映画しかなかったからセットで儲けることはできなかったけれど、大和のようにやれば儲かるのだから、またセットを残してくれる映画を誘致しようというわけです。いま尾道はそうなってしまっています。

仮に、ぼくがセットを残して、そこに『転校生』ロケ地の記念碑というのが尾道にできたとします。でもその近くで暮らしている人にとっては、邪魔なものでしかない。仮に観光客が大勢そこに来て、ピースピースといって写真を撮ることがあるとしても、今度は、ぼくより若い人が尾道で映画を撮りたい、と思って来たとき、記念碑があったらそこで映画を撮ることができません。

映画の記憶を訪ねて、尾道のあの景色の中に立ってみたいと尾道に来たら、スクリーンの中と同じものがそこにあるというのがいいことなのです。だから心の中の記念碑を壊すようなものは、いっさいつくらせませんでした。

ただ一ヵ所だけ、『時をかける少女』の中で、主人公の少女、十五歳の原田知世が、少女から大人へとなっていく過程で、心の中の迷路に迷い込む、その場面を撮影した通称「タイル小路」というところがありました。細い坂道の途中にあって、そこに住んでいる人がタイルをずっと埋めていた小道です。道にタイルを埋め込んでいると、雨の日は下駄でみんな歩きますから、滑りやすくて危険そのものなのですが、でもそれは、この坂道はタイルだし、大きな音をたてて早く歩くと夜寝ている人も起きるし、この道はそっとゆっくり静かに歩きましょうという知恵なのですね。

そのタイルに文字を書いて残すというのが、なんとなく流行って、そこだけが一種の観光スポットになってしまった。本来は、路地裏の斜めの日差しに色とりどりの小さなタイルが静かに儚《はかな》く鈍く光って、悲しくも美しい。それぞれの人にとって、いとおしい秘密の小道です。

ところが、そういうところに来る観光客は、わーわー騒ぐ、ゴミは捨てる、周りに暮らしている人が、もう観光客なんて来させないでくれと悲鳴を上げます。ロケ地めぐりというのをつくると、訪れる人の多くは旅人ではなくて、無責任でお行儀の悪いロケ地おたくみたいな観光客で、そうなってしまうと町も壊れます。町を壊せば、人の心も壊れていきます。

それでぼくは、このロケ地を観光スポットとして紹介するのはやめてくれということになった。

戦艦大和のセットを見に尾道に来た人も、ごくごく普通の人たちで、映画で有名な尾道なので行きたいと思っていたけれど、セットができていいチャンスだから行こう、大和を見て、尾道ラーメンも食べて、ぼくの映画の地も見て、という人がワッとたくさん来てしまいました。

ぼくはその都度メッセージとして、「大和を見に来た人は、大和だけを見て帰ってください」と話してきました。ぼくが映画で撮った路地に人があふれたら大変なわけです。行政にも「ぼくの映画のロケ地と大和のセットを一緒にして売り出そうとしているけれど、やめてくれ。話題になっているあいだだけ人がまたたくさん来ても、暮らしている人にご迷惑をかけるし、大和と大林映画とは違うから」と言ってきました。

ぼくの映画を観て訪れたくなった人だけなら、そこに来るとおんなじ風景があって、おんなじネコにでも出会えればこんなに嬉しいことはなくて、そういう人たちがありがたく、お行儀よく、暮らしている人とも触れ合いながら、いい旅人として過ごしてくれます。

観光地として、行政がロケ地としての記念碑をつくり出すものではないわけです。

二十五年前、尾道三部作第一作目の『転校生』のときも、実は公共の施設は全部撮影拒否だったのですが、ぼくの母校であるし、おやじが尾道で偉い医者だったので、まあ、ぼんぼんがやることはしょうがないけれど、わけのわからんやつだのう、ということで撮ることができました。あとで問題も起きたりしたのですが、映画（大和）の一件があってからは、行政にとってぼくはもはやわけがわからん存在ではなく、対立する存在になり、ついにはぼくのほうから尾道への〝絶縁宣言〟となったわけです。

第六章　映画づくりを教える現場から

9・11の惨劇は、ぼくたち映画人がつくった

いま、映画づくりを語るにあたり、最大のキーワードとなるのは、ジョージ・ルーカスの引退でしょう。彼が引退したのは、二〇〇一年のアメリカの同時多発テロ、「9・11は自分がつくった」という反省からです。一九七七年の第一作からはじまる彼の大ヒットシリーズ『スター・ウォーズ』は客が入る。ところがもし『スター・ウォーズ』ではなく、平和な『スター・ピース』をつくったのでは客が来ない。だから『スター・ウォーズ』をつくり続けてきたわけです。

ところが『スター・ウォーズ』をつくってしまったから、テロリストたちがそれを盗んであいうテロを起こしてしまった。『スター・ピース』をつくり続けていれば、ああいうテロはなかった。

『スター・ウォーズ』は題名そのものが「星の戦争」です。大量の破壊や殺戮を

娯楽にした映画は、この三十年くらいのあいだ、世界中で大きなマーケットを築いてきました。CGが発達して、CGを駆使すればなんでもできるからと、どんどんエスカレートして、映画の中で何万人も死ぬような映画がたくさんつくられ、それらを小さいころから身近に見ていた若者が、テロをやろうと思えば、当然ああいう映像が目に浮かびます。「映像」が「現実」を引き起こす力になってしまった。だからあれは、ぼくたち映画人がつくったものであり、9・11の責任は、テロリストだけではなく、やはりわれわれ映画人にもあるわけです。

ルーカスは、残念ながら長編劇映画になると『スター・ピース』はつくれない。なぜならば『スター・ピース』ではお客さんは来てくれませんから、巨額の製作資金が回収できません。それでルーカスは、長編映画を撮ることをやめて、ミニDV（デジタルビデオ）で、自宅の庭の草花やそこで生きている虫だけを一所懸命撮って生涯を過ごすというふうにしたのです。

これからもまだまだヒットする映画をつくって富も名誉も得られる人間が、そこでやめてしまったから、業界内ではもったいないといわれています。長編映画を撮らないから、映画業界では引退したといわれます。

でもぼくは、彼は正気の映画作家になったのだ、と思います。彼はこれから『スター・ピース』をつくって生きる人間になった。テロに真似されない、真似させない、そういう映画をつくる。

この話はすべてぼくの確信的な想像上のストーリーですけれど、つまり9・11以前と以降とでは、いろいろなことがまったく違ってきています。

「小津や黒澤ならすげぇ～CGつくってるぞ」

いま、専任で大学を三校、一年に一回二回というのは四、五校、映画を教えに行っています。その中で多少の差はありますが、どの学校に行ってもいちばんの目的は就職です。

就職率がいいと、入学希望者が多くなるから学校はやっていける。だから映画の学科でも肝心の映画のことを教えていなくて、どうしたら就職できるかを教えています。

いわば、映画の悪いことばっかりを教えている。つまり、モノとカネになるという映画づくりしか教えていない。

授業で、「おれは就職の面倒なんて見ねえぞ、おれ就職なんてしたことないし、食えるかどうかなんていうのも、いま健康だから食っているけど、病気したらもうおれ、飢え死にだぞ、でもおれはそれで満足だし、充分食いたきゃおれだってＩＴの世界に行くよなあ」

こんな話をすると、それに学生たちが振り向くのです。

たとえばいまの学生たちは、小津安二郎も黒澤明も見ていません。世界的にいまも名声が高く、世界中の映画監督に影響を与えているこの二人の作品を観ないことについて、「なぜだ」と聞いたら、小津や黒澤を観ても就職の役に立たないと言うんです。テレビドラマを見てテレビ会社に就職すれば、映画監督になれると言う。たしかにいまは映画会社の撮影所がないから、そういう道筋があるわけです。

ところがいまの子供たちは、生まれたときからテレビドラマを見ているわけですから、テレビドラマくらいのことは、教わらなくてもすぐできてしまう。

生まれて初めてつくったような作品が、立派なテレビドラマ、もう見事にうまい。そのなかでちょっとうまい子は、三年生、四年生になるとテレビ関連の制作会社に就職しています。だから彼らはテレビドラマには関心があっても、小津や黒澤は見ていません。

ぼくが、授業で小津や黒澤の話をはじめると、彼らは最初、関心を示さない。なぜかというと、前任の先生たちが学生に、

「小津や黒澤はCGなんか使わないから名作をつくったんだぞ。お前らCGばっかり、小手先の技術ばかりやっているからダメなんだ」と、そう教えているからです。

そうすると子供たちは、「じゃ、いまと違う昔の映画のつくり方の時代の話で、関係ないや、おれたちには」となってしまう。

ところがぼくは、「おいなぁ、黒澤と小津という大先輩がいてな、かわいそうにCGのない時代に育ったから、CGと縁がなく作品を撮ってきたけれど、もし小津や黒澤がここにお前たちと同じ年齢でいたら、すげぇ～CG作品つくってるぞ。お前のCGよりはるかにいいCGつくるとおれは思うぞ。そうじゃないと思ったら、観て勉強してみろ」

そして、小津や黒澤を観てきた学生に、

「どうだ？」と言うと、

「あの人たちがCGつくったらすごいでしょう。ぼくも負けずにやろうと思うんで、小津の『東京物語』のような映画をCGでつくってみようと思います」

そういうふうに子供が育っていく。懸命になって小津や黒澤を勉強すると、やはり映画の本質的面白さがそこにあることがわかります。

小津や黒澤をきちんと勉強した上で、『東京物語』のようなものをCGでつくろうとすることは、アメリカの真似ではない日本独自のCG作品をつくる力となるのです。

映画作家として、『イマジン』が歌える世界をつくる

二十五年前の『転校生』の時代や、この本の二十世紀部分の語りを行った十五年前とは、映画をめぐる状況が変わってしまっている面を、もう少し触れてみましょう。

二十世紀には、映画界に映画監督がいて、映画を学ぶための本や、映画監督を目指す若い人向けの本というのも成立しました。しかしいまは、学生たちがそういう本を読んでものを学ぶというよりは、彼ら自信がつくっている映像そのものが、そのまま世界に出て行くという時代になっています。

だから、二十世紀にはまだアマチュアさんがいましたが、いまはアマチュアがいません。プロの世界から見てのアマチュアというのはいますが、そのアマチュアといわれているような人がカンヌで賞を取る。だから映画界でいえば、アマチ

ュアではありません。

先日も日活芸術学院で生徒たちに接してきたのですが、この学院の名前も象徴的で、学院の名前を変えたほうがいいのではという話もあるそうです。

つまり日活という映画会社の名前、プロの世界の名前がついているから、そこへ行けばプロの技を学べるだろうということで、かつては学生が集まりました。いまは、その名前がむしろ邪魔している面もある。映画やテレビの世界をまだよく知らない学生には、日活芸術学院では古い世界の映画のつくり方を学ぶだけで、新しい自分の映画は自分で考えて作ればいい、と思われてしまうというわけです。

ぼく自身は、「映画監督」と名乗ったことがありません。ぼくは映画監督をやったことも、なろうと思ったこともない人間で、二十歳のときから「映画作家」と名乗っています。

映画監督というのは、映画会社の撮影所でいう職能の名前です。ですから、東宝の映画監督、松竹の映画監督、独立プロの映画監督というのはあり得ますが、社会的な機構の中ではフリーの映画監督というのは当時はないわけで、それで個人の映画作家なのです。

ひところは映画監督というとかっこいいから、若者たちが映画監督と名乗りだしたのですが、いまはようやく若者たちが、映画作家と名乗りを変えはじめました。映画をつくるという仕事が、映画会社に就職してのプロの仕事だというのではなくなっています。たとえば小説家も仕事といえば仕事だけれど、就職しているわけではない。映画もそうなってきています。

そうなった一つの理由は、機材が変わったこと。ミニDVを持っていれば、カンヌへもハリウッドへも行けてしまう時代です。かつては大きな映画用のフィルムキャメラで撮らないと映画とはいえなかったのですが、いまは、ぼくが若いころやっていた八ミリ映画のようなとても小さな機材で、映画作家のプロと言えてしまう。

北野武《きたのたけし》さんが向こうでずいぶん認められたのは、いまは映画がそういう時代となり、北野さんは映画オタクを超えたジャーナリスティックな存在としての映画作家だったからでもあるでしょう。

いま昔ながらの映画監督と言えるのは、山田洋次《やまだようじ》さんぐらいです。

私が、「山田さん、あなたは自分のつくった映画で、上映の心配なんてしたことないでしょう」と言うと、「あ、それは松竹がやってくれますから」ということになる。

その代わり、松竹という会社を背負って映画を撮ってらっしゃる。そういう責任もおありなんですね。ぼくなどは、どの映画館で上映できるかという仕事も自分でやらねばならぬ。まさに個人作業なんです。

山田さんは、小津さんや、黒澤さん、木下恵介《きのしたけいすけ》さんら日本映画の巨匠たちの系譜を継ぐ、最後の映画監督さんということになりますね。

ぼくたち映画作家は貧乏ですが、自由だけはあって、吉永小百合《よしながさゆり》さんとやったときも、大林宣彦は大きく、吉永小百合さんは小さく。今度の『転校生』も、こんなに監督の名前が大きく出るチラシなどめったにありません。次代の映画作家のためにも、映画における作家の位置を知らしめなければ。この頃では放っておくと大きいのはアイドルタレントの名ばかりで、作り手の名など虫めがねで見たって見えやしない。ぼくは「監督の名前はこうでないといかん」。チラシのデザイナーは「こんなに監督の名前が大きいレイアウト見たことがない」と言いながらやる。これは、ぼくたちが映画作家だからやらねばならぬし、その代わり責任は全部自分にある。

いまこそ、「芸術は自然を模倣する」

二十一世紀の『転校生』を撮った長野でも、実はオリンピックバブルが崩壊していて、リゾート施設やホテルの開発を進めたものの、いまは廃墟のようになっているところがたくさんあります。こんなことを続けていたら五十年後の長野はなくなる、ということを健全な長野の人は感じはじめていて、それで、「五十年後の子供たちのための映画を撮ってください」という言葉になったのでしょう。

信州長野の『転校生』でも、路地裏とかそんなところばかりで撮っていました。というのは、あの路地裏が、穏やかな人の暮らしが残ればこそ、五十年後に平和が残る。

善光寺の歴史の中で、おそらく一期一会でしょうか、山門にスクリーンを張って上映をしました。ぼくたちがしようと頼んだのではありません。そんな罰当たりなこと、ぼくたちは言いださない。善光寺さんから、「長野でできた映画ですから、ご本尊さんにお見せしたいので上映してほしい」という話をいただきました。あいにく大雨の日でしたが、その中を誰一人帰らず、観てくれる人もスクリーンもびしょ濡れの中で、上映会をやったのです。こうしてむしろ「恵みの雨」ともなるよい思い出の夜となりました。長野の人にとってみれば、長野の子供たちの平和を託した映画ですし、『転校生』には真摯《しんし》に観る子供たちだって描かれているという見方もできるわけです。

五十年後の子供たちにという話も、尾道の観光客誘致や開発と戦ってきたことも、大分の町守りの方たちにぼくが感服したのも、若い世代が美しい日本人に戻りはじめたのも、みんな関係していることですが、いまは映画が、映画を超えたジャーナリズムになっているのです。

映画をみんなでつくることによって、何ができるかということを、みなさんが求めだしてもいます。

それゆえ、学校での映画づくりの教え方も違ってこなければなりません。かつてなら、オーバーラップはこうやれよとか、技術をまず教えていたのですけれど、もっと大きなジャーナリスティックなこと、映画作家、芸術家がそこにいる意味を教えなければいけない。

ぼくたちの時代には、「自然は芸術を模倣する」と、どの本にも書いてありました。思えば大変な驕《おご》りであったのです。芸術家は一所懸命努力していて、自然はそこにあるだけじゃないかということで、まあ言葉の遊びではありますが、ぼくたちはこの言葉を誇りにもしてきました。

ですがもし、いままで自然が芸術を模倣していたら、自然は崩壊しています。芸術は、殺戮と破壊も芸術にしてしまったのですから。『スター・ウォーズ』が流行り、それを模倣していたら、自然界は消え失せてしまいます。

だからいまこそ、「芸術は自然を模倣する」。

あたりまえの面白くもなんともない言葉ですが、そこに切り替えなければいけない時期です。あらゆる命が生きている姿、アリンコを見るだけでも、ペンギンを見るだけでも、鮭を見るだけでも、人間よりもよっぽど利口で美しくて力があって賢い。それから学べば、少子化だとか高齢化社会だなんて問題は、簡単に片付くモデルがいっぱいあります。人間の問題として語るから難しくなるわけです。

ぼくは女子大に講演に行ってお話することがあります。

「君たちは、卒業してから仕事をしたいだろうし、中には結婚したくないという人もいるだろうね。そこにはいろんな事情もあるのでしょうが、自分の子供を産み、育てながら映画をつくってみてください、それが本当の映画です、と考えることは大切ですよ」

ほかの先生は、青い顔してひやひやして聞いているのですが、いまは、そういうことをちゃんと言わなければいけない時代になっています。

「五十年後に、子供たちが映画を観ていることがありうるか？」

と考えたときに、ありうると断言できる人は、誰もいないはずです。

戦争は終わらないし、日本だって、軍隊を持ち核も装備しないとやっていけないという時代になるかもしれません。しかし武力の均衡をもって平和が保たれるというのは、愚かな幻想であり、誰かがボタン一つ押したら、もう敵も味方もない。みんな死滅してしまいます。

アメリカという国で『イマジン』が歌えないということが、いま現実にあるようです。『イマジン』のような、世界の誰もが平和の中に共に住むことを願う歌が禁じられるというのは、平和を願ってはいけない、ということです。

もしアメリカの若者がみんな『イマジン』を歌って、戦争をやめようと言ったら、いまのアメリカは国家が滅びるでしょう。子供たちが愛国心に燃えて銃を持って、イラクに行って命を落として戦争に参加してくれなければ、アメリカはやっていけません。平和になったらアメリカ経済も力を失います。だからアメリカは『イマジン』が歌えない。

日本でも、もし再び戦争をするようになっていったら、『22才の別れ』や『なごり雪』などは、高度経済成長や開発に反対する映画や歌だから、観られなくなったり歌えなくなるということはありうるわけです。事実、ぼくが子どものころの日本はそうでした。

ジャーナリストが向き合う仕事というのは、辛くて悲しくて嫌なことばっかりで、普通の人の感覚では、忘れていたいということのほうが多いのです。

でもそういう問題を、映画は喜怒哀楽や面白さを交えて向き合えるから、映画を通じて人々がより多く語り、考えることができ、それがよりよい社会をつくることにつながっていきます。

映画作家なるものは何か、若い人たちに何を教えるかというと、どうやれば上手な映画をつくれるかよりも、映画作家として、どうすれば『イマジン』が歌える世界になるか、五十年後に子供が映画を観ていられる日本を、映画がどうやってつくるか、こうしたことを考えていくことです。

だからこそ、大作をやめてミニDVで虫を撮っているジョージ・ルーカスは、見事なこれからの映画人なのです。

エピローグ

「おれ、また新人だ。
つくり出す映画がきっと変わるぞ」

映画が映画の役割を取り戻すには

かつて、八十歳を越えておられた黒澤明監督が、ニコニコ笑いながら「大林君、六十歳というのはね、まだまだ青二才だよ」とおっしゃられたとき、妙にほっとして「おお、おれは青二才か」と思いました。おれもまだまだこれからだ、と。今年（二〇〇八年）ぼくが七十歳になって、古希を迎えて、これまで古希というのはいくつのことかという意識もなかったのですが、あらためて、ああ七十歳かと思いましたね。ぼくたちが若いころは、人生五十年、本当にそう信じていて、七十歳の方といったら、もう言葉は交わせない仙人のようなイメージでした。その仙人に、おれ、なっちゃたかと。

小津安二郎監督が亡くなられたのが六十歳ですが、今から見たらあの小津さんは、どう若く見ても八十五歳くらいの貫禄ですね。だとしたら今の六十歳はまったく青二才だというわけです。

それで、七十歳になって、「おれ、また新人だぞ」と思ったんですね、「さあ、これから新人として、はらはらどきどきわくわく楽しみだな」と、やたらと今の七十歳は元気なんですよ。まあこれは、健康な体に生んでもらって丈夫でいられるから、そんな生意気なことも言っていられるんですが。

こう感じる理由に、昨年封切りの『転校生』と『22才の別れ』で、この新人としての予兆をやっていたなということがあります。たぶんそれはこの五年間、学生たちとつき合ったりして、ものすごくリフレッシュしたことが影響しているのでしょう。それと序章でお話をしたように、二十一世紀になって、ぼくが海彦から山彦へと生まれ変わった。この二作品から、また新人をやっているなという感じがあるんです。

というのは、ぼくの映画歴で初めての現象なのですが、ぼくよりちょっと下の世代の何人もが、今度の二本の映画を熱狂的に迎えてくれた。

映画業界の人が面白がって指摘することですが、これまでぼくの映画は、好きな人は徹底的に好き、嫌いな人は徹底的に嫌い、そしてなぜか淀川長治さんや双《ふた》葉十三郎《ばじゅうざぶろう》さんや野口久光《のぐちひさみつ》さんのような大先輩たちにはずいぶん可愛がっていただいて、一方、ぼくよりちょっと下の世代は、ぼくの映画に反発する人が多いんです。まあこれは当然のことで、ぼくだってかつては黒澤映画に大変な反発を持っていた時代があったわけです。あの『生きる』のような作品、派手なアクションなどいっさいないけれど、一見地味なお葬式での列席者を長々と描いたりして、でもあれだけ感動させる作品を撮る監督が、なんで観客がたくさん入るようにという映画会社のいいなりになっているような『用心棒』という作品を撮るんだと。『用心棒』は見事に面白くて面白くてしょうがないんだけれど、やはり反発するんですね。一九六〇年代ですが、あの時代、ぼくたちの周りの空気としても、そういうものがありました。ちょっと上の先輩というのは自分にとって生々しくて反発する場合が多いんです。

ですが今度のぼくの二本の作品を、ぼくのちょっと下の世代の人がとても感動したと迎えてくれた理由はただひとつ、「ここに映画があるから」なんです。

つまり彼らも、今のたくさんの映画の中に、どうも映画だと思えるものがなくなっているんじゃないかと感じているようです。ふだん観ている作品、映画の作り手なら作っている作品が、どうも映画とは違うものなんじゃないかという、寂しさとか本能的な怯《おび》えみたいなものが、きっとあるんではないか。かといって、ジョン・フォードや小津や黒澤だけを見るというわけにもいかない。けれど古い名作を見ると、今の映画とどこかが違う。そのどこかが何かはうまくいえないけれど、今の映画には昔の映画にあった何かがないぞと感じている人たちにとって、ぼくの二本の作品は、「おお、ここに映画があるじゃないか」と思ってくれたようです。

しかも彼らは、大林なるものは歴史的に考えれば、最初は映画を壊した人間だということを知っている。『HOUSE／ハウス』は、前に話しましたようにそういう作品でした。その映画を壊した張本人の大林の映画の中に、気づくと今、映画があった、そうした発見をしたような気分で妙に熱い迎えられ方をしたという珍しいケースです。それは、ぼくが今、映画を撮ることだけで生きていない、学生たちとふれあって、場合によっては学生を叱ることから本当のコミュニケーションが始まったりしている体験も含めて、ひとつのジャーナリスティックな感覚がうまく映画の中に寄り添えたのかな、という意味で、嬉しい充足した気持ちをもっています。

女優というもの

最後に、女優とアイドルタレント、テレビと映画の役割の話にふれてみたいと思います。

昨年の二本の映画で、新人が三人デビューしました。ぼくの映画に対する評価というのはいろいろあるにしても、新人がデビューするということだけは、みなさん昔から認めてくれていて、ぼくの映画では、新人賞というのが一番多い賞なんです。

『22才の別れ』の鈴木聖奈は、彼女自身も承知していますが、今どきのアイドルタレント系ではまったくない。どちらかというとものを書くのが好きな文学少女で、映画業界のあるプロデューサーは、もっと人気のあるアイドルタレントを使えば、この映画はもっと売れるのにと残念がっているとの話でしたが、ぼくもスタッフも彼女の人間的なところが大好きで、本当に愛情をもって育てたらやっぱり伝わるものなんですね。この映画を見たＮＨＫのプロデューサーがすぐ、朝の連続テレビ小説に使いたいといってきた。みんなびっくりしたようなのですが、二〇〇八年前期の朝の連続テレビ小説『瞳』の主人公の最初の友達役に起用してくれた。もうひとり、『転校生』の蓮佛美沙子はキネマ旬報の新人賞をもらいました。

ただ、世の中の多くの新人が、もうデビューの映画の撮影中から、コマーシャルに出てテレビドラマに出て、アイドルタレントになっていってと忙しく、たとえば自分の出番がないときも他の役者さんが演技しているところも全部立ち会って勉強するということができない。かけもちで寝不足で撮影の現場に来たりということもある。プロダクションも商売ですから、人気があって稼げるあいだに稼がなければ商売にならない、何も考えないでアイドルタレントになって、売れてりゃあそれでけっこうだという考えもあるかもしれませんが、それでは女優が育ちません。

アイドルタレントと女優とでは、役割が違うんです。その役割の違いについてですが、ハワード・ホークスというアメリカの監督の本を読んでいましたら、一九七〇年代、アメリカにテレビの波がワーッと押し寄せたとき、すでにこのことを指摘して怒っているんですよ。ハワード・ホークスは、『三つ数えろ』や『リオ・ブラボー』、マリリン・モンローの『紳士は金髪がお好き』の監督ですが、この人はハリウッドでは珍しいプロデューサー監督なんです。ハリウッドでは、監督ではなくプロデューサーが商品としての映画をつくる。それはどういうことかというと、監督がまず撮影したものを編集してディレクターバージョンをつくったあとで、プロデューサーが編集マンを雇ったりまたは自分で編集して、そちらを全世界へ公開する。

余談になりますが、ハリウッドの撮り方は、マスターショットシステムといって、演技しているのをいろいろな方向から、編集の材料にするために撮られている。

黒澤監督の『夢』は、スピルバーグやルーカスがプロデュースしましたが、外国版は彼らがつくることになっているので、黒澤プロに「撮影したフィルムをすべて送ってくれ」と言ったら、編集が終わって完成映画になったものしか送られてこないため、「そうじゃなくて、撮影済みのフィルムを全部くれ」とリクエストしたら、映画になったこれだけが撮影済みだと。つまり、編集を監督がやったらそれで映画ができあがりというのはハリウッドでは考えられないので、彼らはびっくりした。ジョン・フォードですら、自分が作ったとおりには映画は完成しないわけで、プロデューサーが、あとでほかの監督を雇って撮り足したりもされている。それがいい商業映画を作るということで、そういう編集能力に長じたプロデューサーもいるわけです。

ハワード・ホークスはそんな業界の中でプロデューサー監督で、当然役者も自分で選んでくる。ローバジェット（低予算）映画でプロデューサー監督では、メジャーの俳優は借りられません。ハード・ボイルドの傑作といわれる『脱出』では、悪役の殺され役だったハンフリー・ボガートを主役にしたり、ローレン・バコールなどいい新人をたくさん育てたりしたんです。そこがハワード・ホークスの映画の面白さでもあったわけですね。

余談が長くなりましたが、ハワード・ホークスは、このごろの映画は、すぐテレビで使えそうな女の子を連れてきてモデルみたいにきれいにしたり可愛くさせたりする、そんなことでは映画を描ける女優なんて育たないぞ、若い俳優は今のテレビドラマを見てそれが演技だと思っていると怒っている。

要約すれば、綺麗になるな、可愛くするなって彼は怒っているんですよ。三十年も前の話ですが、今の日本の映画界がまさにそうなんです。

女優とテレビのアイドルタレント、この違いには理由があって、映画の演出、とくに女優の演出の基本というのは、二時間のドラマがあるとすれば、最初のワンカットは、魅力なんかなくてむしろ嫌な女であって欲しい。二時間の空間で泣いたり笑ったりしているうちに、エンドマークが出るころには、もう世にも愛おしい恋人のようになる、ということは、観客が劇に感情移入して、テーマをみごとにすくいとってくれたということになるんですね。これが映画の演出なんです。

ところがテレビは、最初から綺麗で可愛くなければ、チャンネルを変えられちゃう。最初から綺麗なのが良い悪いの問題ではなくて、役割として最初からテレビでは綺麗で可愛いことが必要で、そうするとその少女が二時間たってもちっとも変わらないから、それでは物語の魅力のひとつが失われているんですね。すると登場人物が何をやるかというと、アクションやパフォーマンスに終始する。

アメリカでは、テレビタレントと映画女優とでは訓練も育て方も違います。映画というのは基本的に、片方の目が、シーンによっては横幅三メートルになってスクリーンに映るという認識から出発しているんです。その認識のもとで俳優を訓練します。韓国でもそういう育て方ですね。日本だけがテレビサイズを意識してそういう認識がない。

アメリカで俳優を育てる授業をのぞき見したことがありますが、テキストはたとえば「アイラブユー」。ただ、俳優が瞬《まばた》きする、このパチリという瞬きを、「アイ　パチリ　ラブユー　パチリ」とやるか、「アイラブ　パチリ　ユー」とやるか、あるいは「アイラブユー　パチリ」、またはパチリをしないでやるか、目を閉じたまま言うか、スクリーンでは全然異なる意味になる。

テレビではそんなことをしたらへんですから、普通に瞬きしながら、「アイラブユー」と言うくらいで、映画とテレビとでは役者の訓練が違うんですね。

古い話をすれば、時代劇で阪妻《ばんつま》さんにしろ林長二郎（長谷川一夫）さんにしろ、五分間チャンバラやったって息も切れなければ瞬きひとつしない。チャンバラのあいだに瞬きしたら、見ている側にとっては邪魔なんですよ。それで後ろを向いているときにこっそり瞬きをしちゃう。観客の前では決して瞬きをしないのですが、終わって悪を滅ぼしてそして刀を納めて傍らにいた女人をすっと見て、パチッと瞬きをして流し目で彼女を見ると、それを見ている全国の女性たちがわーっといって胸をときめかせたのですね。

これは瞬きの演技です。今時代劇が撮りづらいのは、そういう訓練をされた俳優がほとんどいない。勝新太郎さんの時代までは、こういう訓練がされていました。

しかしながら、これはテレビと映画の役割の違いを言っているのであって、テレビをけなしているわけではない。映画が映画の役割を忘れている。日本では今やアイドルタレントばっかりだとぼくが怒るのはそういうことなんです。

アイドルタレントという枠にはめてみれば、見せかけの可愛さなんて持っていない鈴木聖奈ですが、最初はスタッフも「えーっ？　本当にこの子を主役に使うんですか」というような気配でした。それが撮影を進めているうちにキャメラマンも興奮してきて、「いいですねー、監督、聖奈っていいですねー、ぼくは彼女はロングで遠くからの撮影で行こうと思っていたんですけど、ちょっと寄りたくなりました」といって最後にはアップまで撮っている。彼女は一所懸命人間として素直に生きているわけで、演技がヘタだろうとなんだろうと、人間としての存在感があれば、そりゃあ美しいんです。

だから『22才の別れ』を見てくれた方も、鈴木聖奈が良かったという声がすごく多い。じつはお客さんだってアイドルタレントの可愛さを映画で見たいわけじゃない。普通に生きている自分たちと同じような子、けっしてスタイルがモデルのようにいいわけじゃなくて、アイドルのようには可愛いらしくないけれど、「この子いい娘だね」と地元の人にも愛されたそのまんまの彼女が映画にきっちり映っているということを見たい。

そういう意味で、アメリカで一九七〇年代にすでに、映画が斜陽になってきたとき、ハワード・ホークスが怒っていたのと同じなのが日本の現状で、今の日本映画は大きなテレビになってしまっている、映画の俳優さんたちが、映画の女優ではなく、アイドルタレントになっている、アイドルタレントがいけないというのではなく、役割が違うのに、映画では、女優さんがいないということなんです。

うちから十三歳でデビューした宮崎あおい、当時はオーディションで何回か落とされたそうです。やっぱり鈴木聖奈と同じようにうちからデビューさせて良かったんですね。その後人気も出てきて、CM、ドラマ、映画とブレイクしたんですが、ぼくは、あの子もいい女優なのにアイドルタレントになっちゃったかと、そう思っていたんですよ。

ところが今年始まったＮＨＫの大河ドラマの『篤姫《あつひめ》』を、一月からまだ数回ですが見ていると、結婚したということもあるかもしれませんが自覚が芽生えて、全部女優の演技をやっているんです。演出がすぐれているのでしょうね。ぼくは、この宮﨑あおいを絶賛しているんですよ。もちろんまだまだ未熟な演技ですが、女優の演技をやっている。

ところが出てくる批評は、力不足でまわりのベテランの中で浮いちゃっているといったものなんですが、アイドル風にやっていれば、器用に見えて大人っぽく見えるんです。小器用に見えて現代風のリアリティが出るんですね。アイドルタレントというのは、器用じゃなくてはいけない、女優というのは本来不器用な存在だ、だから日常的なレベルで見ると、器用な人のほうが、いい演技をやっているように見えるし、女優風にやると、不器用な子は、ヘタなのがそのまま出てみえちゃう。

でもそれは映画的教養のない人の見方で、あの宮﨑あおいは見事だし、そういうことというのは微妙に影響しあいますから、周りのベテランの俳優さんたちもまたとてもいいですね。

宮﨑あおいは吸収力があるからどんどん伸びていく。演出はしっかり〝花も実もある絵空事〟、〝根も葉もある嘘八百〟を狙った丁寧な作り。ホント志向で表現が痩せ勝ちのいまの時代に、ウソから出たマコトの豊かさがある。一般の人たちはそういうことに敏感だから、専門家がケナしているうちにどんどん人気が湧いてきてるでしょう。もっともぼくのほうは、あおいがだんだん使えなくて困るんだけれども（笑）。

じいちゃんと孫の関係はいいな

ハワード・ホークスの話は一九七〇年代のことでしたが、それにやや似て面白いのが、ここ二、三年、若い世代、学生たちが作る映画がどんどん変わってきています。たとえば先日も京都の大学の後期の授業に行って、彼らの作品を朝から夜まで六十本くらい見て、その後は彼らと飲み会です。こうした中で変わり方のひとつとして分かるのが、彼らの本棚、読んで並んでいる本が、一九六〇年代のぼくたちが彼らの年齢だったころの本棚の様相なんですよ。『失われた時を求めて』のマルセル・プルーストがあり、ボードレールまであったり、寺山修司があるんです。彼らが映画について日常的に語る言葉の中にゴダールやトリュフォー、小津が出てくる。今、映画監督をめざす若い学生が、小津や黒澤を見ていないという話を前にしましたが、一方ではそういう学生たちがいる学校もある。

学生にぼくが「六〇年代のものを、なんで？」って聞いたら、「このころの映画や小説に出てくるような、そういう暮らしをしたい」という。ぼくたちが大正ロマンティシズムに憧れて、あの時代の青年だったらよかったなと思っていたように、昭和ロマンティストになっている。そういうふうに、いったん波が戻って、彼らは回帰したがっているんですね。今、地方も若者も昔の本来の日本人のDNAに戻ってきているという話をプロローグでもしましたが、それとつながる話です。

つまり彼らにとって今の自分たちの生活はどうも、映画で描いても物足りない。それを描いたら無気力の映画しかできない。そんなもの伝えたいと思えない。となると、近い手本として昭和ロマンティシズム、一九六〇年代。その時代に青年だったぼくの意見やぼくそのものを知りたいというのが、ぼくと学生の関係なんですね。教授と生徒のいい関係になっているんです。彼らも、親父の世代には反発するし、ぼくの映画も息子の世代にはずいぶんと反発されましたが、そこで途切れないで、一回り回って、孫の世代がもういっぺんぼくに寄り添って来てくれはじめている。このなつきよう、まさになつくとしかいえないくらいの関係なんです。ぼくの息子の世代たちも大学教授をやっていますが、学生とそういう関係には、世代的にやっぱりなりにくい。学生さんの素人さんの映画を何十本も朝から夕方まで見るのは大変だという人もいますが、ぼくは本当にね、嬉しくて楽しくてしょうがないから教えにいっている。それは何かといったら、じいちゃんと孫の関係なんですね。だから七十歳はいいな、と。

それに年齢を重ねてくると、人間がどんどん素直になりますね。他人の存在がすごくありがたくなってきた。わざわざぼくのところに、時間をさいていろいろな話をもってきてくれたり、話を聞いてくれたり、すごくありがたいことだなあと。これはやはり年のおかげでしょう。これからは、ぼくが今まで当たり前だと思っていたことも、じつはもっと違う描き方ができるかな、ということがあります。

そうするとね、自分がつくり出す映画がきっと変わるぞ、これが楽しみなんですね。やっぱり七十歳は新人ですよ。

〝あとがき〟は蛇足でしょうが、書きたいことは有ります。

大林宣彦

本を作る愉《たの》しみには二つ有って、一つは何から何まで自分で考えてコツコツ彫刻を拵えるように作り上げる、映画で言えばまあ監督をやるような気分。もう一つは俳優をやるような本作りかなあ。で、今度のこの本では、ぼくは〝俳優〟をやりました。

この本での〝監督〟の役割りは実業之日本社の編集者であり、企画者でもある岩野裕一《いわのゆういち》さん、そしてぼくのお喋りを纏めて一つの物語に編んで下さった内田宗治《うちだむねはる》さん。そう、この書物はお二人の〝作品〟であり、ぼくはここでは俳優として、お二人のリードに添っていろいろお話をさせて頂いた、つまりぼく自身を演じた訳ですね。

事の起りは1992年に同社から刊行された『仕事発見シリーズ』の一冊であ

る『映画監督』という本。ぼくが五十四歳で、映画で言えば《ふたり》を作った頃。つまりぼくはまだ日本映画制作現場の中心に居て、こうした若い人向けの就職案内役にも適している年齢であるという判断だったのだろう。それが今年、ぼくが七十歳になった所で再刊ということになった。〝人生五十年〟の時代を生きたぼくには七十歳はもう確《しっか》り老人である。というよりいっそ〝仙人〟か？　映画はいつでも若い人の世界であり、ぼくも今では元の一〝映画作家〟に戻って〝隅の隠居〟の振りをしながら相変らずのインディーズの映画作りを続け、大学で未来の映画人と交わりつつ暮らしている。

そこにはそれなりに、ぼくの〝映画の道筋〟も有る。ではあれからのぼくの仕事も含めてもう一度ぼくの映画を語り下してみようか、などと岩野さんや内田さんとお喋りしている内に、お二人の胸中には全く別の、新しい、一冊の本のイメージが生まれて来たようでありました。

そして題名も『ぼくの映画人生』という、ぼくの自伝のような、恥ずかしくもまだまだ早過ぎる一冊が誕生することと相成った訳です。ぼくとしては思い掛けずも有難い次第ですが、読者の皆様には如何なものでしょうかしら？　まことに申し訳無い思いで一杯です。でも〝俳優〟であるぼくとしては一所懸命お話をさせて頂き、お二人の意に添ってそれが編集・構成されていく過程を、まるで一本の映画が出来上っていくのを見守るように愉しませて戴きました。

格別の悦びは和田誠《わだまこと》さんの装丁です！

和田さんはぼくと同世代で、若い頃からぼくは和田さんのイラストレーションの大ファンです。ばかりか和田さんは映画作家としても、つまりは表現者としての見識も覚悟も見事な方で、和田さんの装丁を頂くのはぼくの永年の夢。それが初めて実現したのです。実は和田さんの装丁で一冊の本が出来る、ということは、現在ではとても難しいのです。皆さんは本の背表紙に有るバーコードの存在をご存知ですよね。あれは入れる場所も大きさもきっちりこのようにと決められているのです。が、本の販売時に便利なものが本棚の中にまで大きな顔をして居座って了《しま》う。これは何だか変ですね。そしてこのことは、どうやら一つの〝思想〟ともなりつつあるらしいのです。だって絶対にそうでないといけないってんですもの。これは恐いですよね。ぼくらの世代の人間には〝赤紙〟一枚で有無を言わせず戦場に連れて行かれた父さんや兄さんたちをどうしても思い出す。いつかぼくら人間も躰《からだ》にバーコードを貼られてどうかされて了う。こんな〝妄想〟を本気で考えて了うのが表現者というものなんですね。「バーコードは便利で良いよ。でも入れ方は自由」。これが自然だと思うんですがね。だって〝効率主義〟が思想になれば、人間はロボットになっちまう。

和田誠さんは装丁者である時はこのバーコードをどこにどう〝デザイン〟するか、をもいろいろ自由に工夫される。買い心地の良い、読み心地の良い、本棚に置いても嬉しい幸福な本を作るのが、和田さんの願いですものね。けれどもそのバーコードが不自由なことに動かない。で、和田さんは装丁をなさらない。ぼくはそういう和田誠さんを尊敬している一人です。それは、ぼくらの戦後は〝自由〟のための戦いでしたから。実は一度、和田さんに装丁をお願いして不可能になりました。で、ぼくは〝装丁ナシ〟でその本を出版しました。今年の春に出版した『大林宣彦の映画談議大全《転校生》読本』がそうです。その話を耳にしたこの本の〝監督〟である岩野さんは即座に、「ではこの本の装丁は和田誠さんにお願い致しましょう。わたしがやり方は工夫致します。和田誠さんの場合には、そういうことを考えてやり遂げるのがわたしの仕事ですから」。まっこと岩野さんは見事な〝監督〟でありましたな。和田さんも快諾！　〝和田誠さんの場合〟の本の中に、ぼくの一冊が参加出来た悦び！　御覧のように、ぼくの〝夢〟は実現し、ぼくの気儘《きまま》なお喋りを一つの〝物語〟に編集して下さった内田さんの筆と共に、ぼくには七十歳の御褒美のような一冊が出来上ったのでありました。

こういうことの中で、ぼくは〝七十歳の新人〟として、重松清《しげまつきよし》さんの小説から《その日のまえに》という一本の映画を作っておりました。何だか、〝初めて〟というくらいに創作の苦労をした映画でした。〝苦労〟とは、〝考えること〟の量と比例するようです。仕上げ間近の現在では、「五十代、六十代では、こういう映画にはならなかっただろうなあ」、という実感だけが鮮明です。身は軽《かろ》やかです。〝いつか見た映画〟の中へ戻って了った子供みたいです。ああ、七十歳だなあ、と今は思ってます。人生何度も新人に戻れる。有難いことです。

この一冊、和田誠さんの素敵な装丁を手に取りながら、読者の皆さんも仲間に加わって下されば、嬉しいなあ。

有難うございます。

2008年9月2日

東京・成城にて。

解説　「ふたり」の思い出

赤川次郎
（作家）

２０２０年４月10日、大林宣彦さんが亡くなった。

この日は、新型コロナウィルスの騒ぎがなければ、大林さんの遺作となった「海辺の映画館―キネマの玉手箱」の公開初日となるはずだった。それは大林さんにとって心残りだったかもしれない。

私は幸い試写会でこの作品を見た。見る前は、いささか身構えていた。上映時間２時間59分。いかに大林さんといえども、体力と緊張感に、かつての勢いはないだろう。

それでも、最後まできっちり見ておかなければ。場内が暗くなると、私は自分にそう言い聞かせて、座り直した。

ところが――始まったとたん、私は大林さんの若々しくエネルギッシュな映像の奔流に巻き込まれ、あれよあれよという間に2時間59分の旅の終りに行き着いていたのだ。

これが、「肺ガンで余命三か月」と言われた人の映画か？　八十二才の監督が、生涯の最後に撮った作品なのか。

見終わったとき、私はすぐには席が立てなかった。圧倒され、興奮していた。世界のどんな巨匠でも、八十才を過ぎての遺作に、こんな斬新な、映画の常識に挑戦するようなものを撮った人はいないだろう。大林さんは世界の映画監督の誰もがなしえなかったこと――遺作が同時に代表作でもある、という奇跡をなしとげたのだ。

大林宣彦さんといえば、まず思い浮かべるのはあの深味のある声、そして会ってまず握手をする、その大きな柔らかい手の記憶である。

あの声で、かんでふくめるように語られると、誰でも「ああ、その通りだな」と納得してしまう。映像の人でありながら、あれほどの語りの達人だったのはふしぎなくらいだ。

私の原作の映画「ふたり」のエンドクレジットに流れる主題歌「草の想い」を、作曲者の久石譲《ひさいしじょう》さんと二人で歌った大林さん。その声には、我が子の成長を見守る父親のようなやさしさが溢れていた。

――もともと顔見知りではあったが、大林さんと初めてじっくり会って話したのは、前述の「ふたり」の主演女優を決める席だった。

「この子で行こうと思うんだよね」

と、見せてくれたのは石田《いしだ》ひかりという、私の全く知らない女の子の写真だった。

正直、私は「この子では可愛過《かわいす》ぎないかな?」と思った。「ふたり」の主人公は、優秀で美人のお姉ちゃんと比べて、いつも影の中にいるような、あまり可愛くない、引込み思案な女の子なのだ。

でも、映画の主役としては、やはり多少なりともアイドルの可愛らしさも必要だろうと考えて、私は何も言わなかった。大林さんはたまたまその日誕生日だった石田ひかりに花束を贈り、〈北尾実加《きたおみか》(主人公の名前である)へ〉と書いたカードを添えた。

私はその心配りに、大林さんが、主演した女優たちにいつも慕われる理由を見た気がした。

ちなみに、そのときの〈北尾実加へ〉と書かれたカードを、石田ひかりは今も大切に持っていると聞いた。


私が人生で「楽しかった記憶」をいくつかあげるとしたら、その一つは間違いなく映画「ふたり」の撮影現場を見に行った、尾道《おのみち》への旅である。

夏の暑い尾道へ、妻と娘と三人で着いたその日、ちょうど撮影されていたのは、石田ひかりのクラスメイト役の中江有里《なかえゆり》さん（今は作家になった）が、母親と心中すると決めて、旅先の旅館の部屋から石田ひかりに電話している場面だった。この映画がデビューだった中江さんと電話で話している相手の石田ひかりも、すぐ隣の部屋で受話器に話しかけている。

私は、「おや？」と思った。多少映画の撮影について知っていた私は、この場合、石田ひかりのカットは当然自宅のセットで別に撮るのだから、こういうとき、ひかりのセリフは助監督などが代りに言っておけばいいのである。

しかし、大林さんはひかりに、ちゃんと自宅の場面の服装をさせ、メイクもして、本当に親友の死を止めようと必死で語りかけさせていたのだ。新人の中江有里さんにとっては、そのことがどんなに演技の助けになったか。

私は、「ああ、これが新人を輝かせる大林マジックなんだ」と実感したのだった。

そして尾道の街を歩けば、いかに大林さんが尾道の人々に愛されているかがよく分かる。

撮影に使われる喫茶店、名もない小路や石段の一つ一つが、大林映画の登場人物として輝いている。

エキストラには町の人々がすぐにボランティアで集まってくれる。普通なら、東京のスタジオで撮影されるセットも、尾道の空いている倉庫の中に組まれる。「ふたり」は初めから終わりまで「尾道の映画」なのである。

今にして思えば、私が体験したのは、日本映画の最後のぜいたくな映画作りだったろう。その後は、大林さんでもあれほど自由に映画が撮れたとは思えない。

学校へ行く中嶋朋子《なかじまともこ》、石田ひかりの「姉妹」に持たせるお弁当を、母親役の富《ふ》司純子《じすみこ》さんが本当に作っていたり、学生鞄の中の取り出すことのないノートにも、助監督が宿題をやってあったり……。それは大林さんの大先輩、黒澤明《くろさわあきら》が、「赤ひげ」の療養所のセットで、薬草を入れる引出しに、開けることはないのに、ちゃんと実物を入れておいた、というエピソードを思い出させる。

こういう現場で初めての映画を経験した役者は幸せだ。石田ひかりも、この後、色々な現場を経験するにつけ、「ふたり」がどんなにすばらしい撮影だったかを感じる、と語っていたと思う。

「ふたり」の撮影を見学した旅でのもう一つの思い出は、一夜、スタッフ、キャストをねぎらう食事会が開かれたことだった。映画では、割烹着姿の、やさしくてちょっと気の弱いお母さんを演じていた富司純子さんが、このときばかりは見違えるようなドレスで颯爽《さっそう》と現われたのだ。そこには正に「大スター」富司純子——かつての藤純子《ふじじゅんこ》がいた。

「ふたり」の後、「午前〇時の忘れもの」の映画化「あした」、TVムービーの「告別」、「三毛猫ホームズ」シリーズを二本……。

大林さんとの縁は続いた。「ふたり」から三十年はアッという間に過ぎた。そして、思いがけない話が耳に入って来た。

大林さんが肺ガン、それもかなり悪いらしい……。

その前に、大林さんは心臓を悪くしてペースメーカーを入れていた。そのころ、お会いしても、握手する大きな手には、あまり力が入らなくなっていた。

それでも、まだまだ大林さんは大丈夫、と信じていた。――実は、大林家と私の家族とは、「十年違い」のそっくりな家だった。

夫婦が同い年。娘が一人。――どちらも、私の家族と十年違いなのだ。奥様の恭子《きょうこ》さんも、娘の千茱萸《ちぐみ》さんも、何だか他人とは思えない仲なのである。

もちろん、大林さんと私とは、仕事の種類も違えば、性格も違う。実験精神を生涯失わなかった大林さんと違って、私には小説を革新しようとする冒険精神はなかったし、取材のために日本、海外を問わず飛び回ることもない。すべては頭の中で生まれ、組み立てられる。

若いころ、映画監督に憧れていた私は、今、小説を書くことで、「製作、監督、脚本、音楽、主演」を一人でこなしているつもりなのである。その一方で、現実の映画作りの苦労にはとても及ばない、という思いもある。

そして——この本のことに触れなかったが、読んでもらえば、何の解説も必要ないことがお分りいただけるだろう。

大林さん自身の語る、「わが人生」である。現場のエピソードや、役者論など、納得の話が次々に出てくる。

行間からは、あのやさしい声と語り口が聞こえてくる。大林映画をまた見直したくなる一冊であることは間違いない。

加えて、親本のカバーそのまま、和田誠《わだまこと》さんの描く、大林さんがニコニコと微笑んでいるすてきな姿からは、あの声が聞こえてくる。

「用意！　スタート！」

——「カット」は、もう永遠に来ない。

２０２０年６月３日

※フィルモグラフィーは345ページから始まります。

宏、小林稔侍、中野章三（中野ブラザーズ）、ヤニック、武田鉄矢、村田雄浩、稲垣吾郎、浅野忠信、渡辺裕之、片岡鶴太郎、南原清隆、品川徹、入江若葉、伊藤歩、寺島咲、尾美としのり、柄本時生、蛭子能収、根岸季衣、渡辺えり、有坂来瞳、ミッキー・カーチス、手塚眞、犬童一心、星豪毅、金井浩人、本郷壮二郎、川上麻衣子、大森嘉之、大場泰正、長塚圭史、満島真之介、窪塚俊介、中江有里、白石加代子、笹野高史、犬塚弘

愛と湧の歌の旅（松原愛・聖川湧のPV）
サイズ：VIDEO／上映時間：9分／製作：松原愛／プロデューサー：大林恭子、山崎輝道／撮影：毛利一文／照明：和栗一彦／ヘアメイク：和栗千江子／着付：前田麗子、佐々木一美／助監督：力徳新司／録音：平野治／出演・歌／松原愛、聖川湧

2013
平成25年

So long！THE MOVIE（AKB48のPV）
サイズ：VIDEO／上映時間：64分／プロデューサー：大林恭子（プロダクション・エグゼクティブ・プロデューサー）、山崎輝道（プロダクション・プロデューサー）、薬師寺多聞（同）／脚本：大林宣彦（撮影台本）／撮影監督：三本木久城／撮影：山形一也、星貴、下垣外純／美術監督：竹内公一／照明：和栗一彦／ヘアメイク：和栗千江子／スタイリスト：菅井久子／録音：内田誠、山本逸美（整音）／振付：武田舞香、高良舞子、松島蘭／セカンド・ユニット・ディレクター：竹下昌男、山本憲司、大林千茱萸／セカンド・ユニット協力：高橋栄樹、最首英也／イラストレーション：森泉岳土／編集技術：三本木久城／制作デスク：森泉岳土／編集：大林宣彦、三本木久城／音楽：山下康介（作・編曲）、學草太郎／出演：渡辺麻友、松井珠理奈、島崎遥香、大島優子、高橋みなみ、板野友美、柏木由紀、篠田麻里子、松井玲奈、小嶋陽菜、横山由依、指原莉乃、峯岸みなみ、山本彩、渡辺美優紀、北原里英、高嶋政宏、ミッキー・カーチス、左時枝、洞口依子、猪股南、寺島咲、星豪毅、大久保正通、江口賢司、吉岡孝太郎、孫兵衛、茂木健一郎

2014
平成26年

野のなななのか
サイズ：DCP／上映時間：171分／配給：PSC、TMエンタテインメント／製作：大林恭子、宗方裕之／プロデューサー：大林恭子（エグゼクティブプロデューサー）、山崎輝道／原作：長谷川孝治／脚本：大林宣彦／脚色：内藤忠司、大林宣彦／撮影：三本木久城／美術：竹内公一／照明：山川英明／録音：内田誠／編集：大林宣彦、三本木久城／音楽：山下康介／出演：品川徹、常盤貴子、村田雄浩、松重豊、柴山智加、山崎紘菜、窪塚俊介、寺島咲、安達祐実、斉藤とも子、根岸季衣、左時枝、伊藤孝雄

2017
平成29年

花筐／HANAGATAMI
サイズ：DCP／上映時間：169分／配給：新日本映画社／製作：辻幸徳、甲斐田晴子、大林恭子／プロデューサー：大林恭子（エグゼクティブプロデューサー）、山崎輝道／原作：檀一雄／脚本：大林宣彦、桂千穂／撮影監督：三本木久城／美術監督：竹内公一／照明：西表燈光／録音：内田誠、山本逸美（整音）／監督補佐：松本動／協力：檀太郎／編集：大林宣彦、三本木久城／音楽：山下康介／出演：窪塚俊介、満島真之介、長塚圭史、柄本時生、矢作穂香、山崎紘菜、門脇麦、常盤貴子、村田雄浩、武田鉄矢、入江若葉、南原清隆、小野ゆり子、岡本太陽、根岸季衣、池畑慎之介、細山田隆人、白石加代子、大川竜之助、片岡鶴太郎、高嶋政宏、原雄次郎、品川徹、伊藤孝雄

2020
令和2年

海辺の映画館ーキネマの玉手箱
サイズ：DCP／上映時間：179分／配給：アスミック・エース／製作協力：大林恭子／プロデューサー：奥山和由（エグゼクティブプロデューサー）、中村直史、小笠原宏之、門田大地、鍋島壽夫（企画プロデューサー）／脚本：大林宣彦、内藤忠司、小中和哉／脚本協力：渡辺謙作、小林竜雄／撮影監督：三本木久城／美術監督：竹内公一／照明：西表燈光／ヘアメイク：和栗千江子／衣裳：千代田圭介、濱中美衣／録音：内田誠、山本逸美（整音）、佐々木英世（音響効果）、伊藤進一（同）／合成：三本木久城／VFX：塚元陽大／アクション監督：森聖二／制作担当：富岡忠文、桜井勉／装飾：相田敏春／小道具：中村聡宏／監督補佐：桑原昌英／宣伝協力：ガイエ、ドロップ／製作プロダクション：PSC／製作：『海辺の映画館－キネマの玉手箱』製作委員会（吉本興業、TANAKA、バップ、アミューズメントメディア総合学院）／編集：大林宣彦、三本木久城／音楽：山下康介／出演：厚木拓郎、細山田隆人、細田善彦、吉田玲（新人）、成海璃子、山崎紘菜、常盤貴子、高橋幸

2002
平成14年

なごり雪

サイズ：35㎜／上映時間：111分／企画：大林恭子／製作：大林恭子、工藤秀明、山本洋／プロデューサー：大林恭子、山崎輝道、福田勝／原作：（原案）伊勢正三／脚本：南柱根、大林宣彦／撮影：加藤雄大／美術：竹内公一／照明：西表灯光／録音：内田誠、山本逸美（整音）／編集：大林宣彦、内田純子／音楽：學草太郎、山下康介（編曲）、伊勢正三／出演：三浦友和、ベンガル、須藤温子（新人）、細山田隆人、左時枝、長澤まさみ、宝生舞、反田孝幸

2004
平成16年

理由

サイズ：35㎜／上映時間：160分／企画：戸田幸宏／製作：金子康雄、大林恭子／プロデューサー：戸田幸宏、大林恭子、山崎輝道／原作：宮部みゆき／脚本：大林宣彦、石森史郎／撮影：加藤雄大／美術：竹内公一／照明：佐野武治／録音：内田誠、山本逸美（整音）／編集：大林宣彦、内田純子／音楽：學草太郎、山下康介／出演：村田雄浩、寺島咲（新人）、岸部一徳、加瀬亮、多部未華子（新人）、細山田隆人、厚木拓郎、小林聡美

2007
平成19年

22才の別れ Lycoris 葉見ず花見ず物語

サイズ：35㎜／上映時間：120分／企画：大林恭子／製作：鈴木政徳／プロデューサー：大林恭子、頼住宏、（coプロデューサー）山崎輝道、安井ひろみ／原作：（原案）伊勢正三、南柱根／脚本：南柱根、大林宣彦／撮影：加藤雄大／美術：竹内公一／照明：西表灯光／録音：内田誠、山本逸美（整音）／編集：大林宣彦、内田純子／音楽：山下康介、學草太郎、伊勢正三／出演：筧利夫、鈴木聖奈（新人）、中村美玲（新人）、清水美砂、窪塚俊介、細山田隆人、三浦友和、岸部一徳、峰岸徹、長門裕之、南田洋子

転校生～さよなら　あなた

サイズ：35㎜／上映時間：120分／企画：大林恭子、鍋島壽夫／製作：黒井和男／プロデューサー：鍋島壽夫、大林恭子／原作：山中恒／脚本：（脚本ベーシックプラン）大林千茱萸、山内健嗣、（脚本）剣持亘、内藤忠司、石森史郎、南柱根、大林宣彦／撮影：加藤雄大／美術：竹内公一／照明：西表灯光／録音：内田誠、山本逸美（整音）／編集：大林宣彦、内田純子／音楽：山下康介、學草太郎／出演：蓮佛美沙子（新人）、森田直幸、厚木拓郎、寺島咲、古手川祐子、清水美砂、犬塚弘、田口トモロヲ、窪塚俊介、長門裕之、石田ひかり、中原丈雄、斉藤健一、原舞歌、勝野雅奈恵、高橋かおり、宍戸錠、山田辰夫、林優枝、吉行由実、小林かおり、根岸季衣、入江若葉

2008
平成20年

その日のまえに

サイズ：35㎜／上映時間：100分／企画：大林恭子／製作：和崎信哉、大林恭子、井上泰一／プロデューサー：大林恭子、中村理一郎、君塚貴子／原作：重松清／脚本：市川森一、大林宣彦（撮影台本）、南柱根（同）／撮影：谷川創平／美術：竹内公一／照明：西表灯光／録音：内田誠／編集：大林宣彦／音楽：山下康介、學草太郎／出演：南原清隆、永作博美、筧利夫、今井雅之、勝野雅奈恵、原田夏希、宝生舞、斉藤健一、窪塚俊介、大谷耀司、村田雄浩、吉行由実、山田辰夫、伊勢未知花、小日向文世、風間杜夫、峰岸徹、鈴木聖奈、根岸季衣、左時枝、高橋かおり、厚木拓郎、寺島咲、笹公人、柴田理恵、入江若葉

2012
平成24年

この空の花ー長岡花火物語

サイズ：DCP／上映時間：160分／配給：PSC、TMエンタテインメント／製作：大林恭子、渡辺千雅／プロデューサー：山崎輝道／脚本：大林宣彦、長谷川孝治／撮影：加藤雄大、三本木久城、星貴／美術：竹内公一／照明：山川英明／録音：内田誠／編集：大林宣彦、三本木久城／音楽：久石譲／出演：松雪泰子、高嶋政宏、原田夏希、猪股南、筧利夫、笹野高史、草刈正雄、犬塚弘、片岡鶴太郎、柄本明、根岸季衣、星野知子、ベンガル、勝野雅奈恵、森田直幸、池内万作、富司純子、並樹史朗、高橋長英、品川徹、村田雄浩、尾美としのり、藤村志保

風の歌が聴きたい

サイズ:35mm/上映時間:161分/企画:大林恭子、芥川保志/製作:大林恭子、根田哲雄、芥川保志/プロデューサー:大林恭子、芥川保志/原作:(原案)高島良宏、小田大河/脚本:中岡京平、内藤忠司、大林宣彦/撮影:坂本典隆、今関あきよし/美術:竹内公一/照明:西表灯光/録音:林昌平(音響デザイン)、中村裕司/編集:大林宣彦/音楽:學草太郎、山下康介(編曲)/出演:天宮良、中江有里、林泰文、左時枝、岸部一徳、勝野洋

三毛猫ホームズの黄昏ホテル

サイズ:35mm/上映時間:127分/企画:五十嵐文郎、高橋勝/プロデューサー:五十嵐文郎、高橋浩太郎、高橋勝、大林恭子/原作:赤川次郎/脚本:内藤忠司、南柱根、大林宣彦/撮影:萩原憲治/美術:竹内公一/照明:高柳清一/録音:山本逸美(整音)、熊谷良兵衛/編集:大林宣彦/音楽:學草太郎、山下康介(編曲)/出演:陣内孝則、宮沢りえ、竹内力、佐藤允、宝田明、南野陽子、津島恵子、峰岸徹

1999
平成11年

あの、夏の日。~とんでろじいちゃん

サイズ:35mm/上映時間:123分/企画:大林恭子、芥川保志/製作:芥川保志、大林恭子/プロデューサー:芥川保志、大林恭子、井瀧誠司(プロデューサー補)/原作:山中恒/脚本:石森史郎、大林宣彦/撮影:坂本典隆/美術:竹内公一/照明:西表灯光/録音:林昌平(音響デザイン)、内田誠/編集:大林宣彦、内田純子/音楽:學草太郎、山下康介(編曲)/出演:小林桂樹、厚木拓郎、菅井きん、勝野雅奈恵(新人)、宮﨑あおい(新人)、入江若葉、石田ひかり、ミッキー・カーチス、林泰文、嶋田久作

2000
平成12年

淀川長治物語・神戸篇　サイナラ

サイズ:35mm/上映時間:106分/企画:大林恭子、武市憲二、テレビ朝日/製作:大林恭子、武市憲二、圓井一夫/プロデューサー:大林恭子、武市憲二/原作:淀川長治/脚本:市川森一、大林宣彦/撮影:稲垣涌三/美術:竹内公一/照明:西表灯光/録音:林昌平(音響デザイン)、内田誠/編集:大林宣彦/音楽:學草太郎、山下康介(編曲)/出演:秋吉久美子、厚木拓郎、勝野洋輔、勝野雅奈恵、高橋かおり、宮﨑あおい、宮﨑将(新人)、勝野洋、岸部一徳、ミッキー・カーチス、白石加代子、ガナルカナル・タカ、山本晋也、柴山智加

自由にならないもの―プーチとわたし物語

サイズ:35mm/上映時間:47分/企画:読売広告社、ポイント　ツー/プロデューサー:大林恭子、小坂純/脚本:大林宣彦、呉美保/撮影:稲垣涌三/美術:竹内公一/照明:西表灯光/録音:林昌平/編集:大林宣彦/音楽:學草太郎、山下康介/出演:勝野雅奈恵、柴香澄(新人)、飯村淑子(新人)、明日香七穂、ビビアン・スー

忍ぶ川(TV)

サイズ:VIDEO/上映時間:50分/企画:川村尚敬/製作:KAZUMO Co./プロデューサー:大林恭子、川村尚敬/原作:三浦哲郎/脚本:大林宣彦/撮影:稲垣涌三/美術:竹内公一/照明:西表灯光/録音:内田誠、山本逸美(整音)/編集:大林宣彦/音楽:學草太郎、山下康介/出演:三浦友和、高橋かおり

2001
平成13年

告別(TV)

サイズ:VIDEO/上映時間:120分/企画:大林恭子/プロデューサー:大林恭子、飯田康之/原作:赤川次郎/脚本:大林宣彦、石森史郎/撮影:稲垣涌三/美術:竹内公一/照明:西表灯光/録音:内田誠、山本逸美(整音)/編集:大林宣彦/音楽:學草太郎、山下康介(編曲)/出演:峰岸徹、清水美砂、裕木奈江、勝野雅奈恵、宮﨑将、小林桂樹

1993
平成5年

水の旅人

サイズ:35mm／上映時間:106分／企画:堀口壽一、高井英幸／製作:村上光一、海老名俊則、堀内賢三／プロデューサー：河井真也、豊田俊穂、島谷能成、茂庭喜徳、鯉渕優（プロデューサー補）／原作:末谷真澄／脚本:末谷真澄、石上三登志、大林宣彦／撮影:阪本善尚／美術:竹中和雄、(イメージデザイン)薩谷和夫／照明：高野和男／録音：林昌平（音響デザイン)、安藤徳哉／編集：大林宣彦、戸嶋志津子／音楽：久石譲／出演：山崎努、吉田亮（新人)、伊藤歩（新人)、岸部一徳、風吹ジュン、尾美としのり、峰岸徹、原田知世、根岸季衣、大前均

ロシアン・ララバイ（TV未放送）

サイズ：VIDEO／上映時間：60分／プロデューサー：大林恭子／撮影：今関あきよし、大林千茱萸、大林宣彦／録音:林昌平（音響デザイン）／編集:大林宣彦、今関あきよし、大林千茱萸

1994
平成6年

女ざかり

サイズ：35mm／上映時間：118分／企画：中川滋弘／製作：松竹、大谷信義／プロデューサー：中川滋弘／原作：丸谷才一／脚本：野上龍雄、渡辺善則、大林宣彦／撮影：坂本典隆／美術：竹中和雄／照明：秋田富士夫／録音：林昌平（音響デザイン)、今井康雄／編集：大林宣彦／音楽：久石譲／出演：吉永小百合、津川雅彦、三國連太郎、岸部一徳、峰岸徹、片岡鶴太郎

1995
平成7年

あした

サイズ:35mm／上映時間:141分／企画:大林恭子／製作:出口孝臣、大林恭子、宮下昌幸、芥川保志／プロデューサー：大林恭子、高桑晶子／原作：赤川次郎／脚本：桂千穂、大林宣彦（撮影台本）／撮影：坂本典隆／美術：竹中和雄／照明：秋田富士夫／録音：林昌平（音響デザイン)、安藤徳哉／編集：大林宣彦／音楽：學草太郎（大林宣彦)、岩代太郎（編曲・指揮）／出演：高橋かおり、林泰文、宝生舞（新人)、柏原収史（新人)、植木等、朱門みず穂（新人)、坊屋三郎、津島恵子、根岸季衣、岸部一徳、峰岸徹、ベンガル

1996
平成8年

三毛猫ホームズの推理

サイズ：35mm／上映時間：127分／企画：高橋勝／製作：テレビ朝日、CUC、PSC／プロデューサー:五十嵐文郎、高橋勝、大林恭子、本多隆司（プロデューサー補）／原作:赤川次郎／脚本:中岡京平、大林宣彦（撮影台本）／撮影：大沢栄一／美術：竹内公一／照明：椎原教貴／録音：山本逸美（整音)、芦原邦雄／編集:大林宣彦／音楽:學草太郎、山下康介（編曲）／出演:陣内孝則、葉月里緒奈、山本未來、平幹二朗、井川比佐志、大和田伸也、須賀不二男、小形雄二、根岸季衣、前田武彦

1998
平成10年

マヌケ先生

サイズ:35mm／上映時間:89分／企画:石熊勝己／製作:門田大地、(製作協力)大林恭子／プロデューサー：石熊勝己、門田大地、久保聡／原作：大林宣彦／脚本：冠木新市、内藤忠司、大林宣彦／撮影：今関あきよし／美術：竹内公一／照明:高柳清一／録音:山本逸美（整音)、熊谷良兵衛／編集:内藤忠司、大林宣彦／音楽：學草太郎、山下康介（編曲）／出演：三浦友和、谷啓、厚木拓郎（新人)、竹内力、(監督）内藤忠司、(総監督）大林宣彦

SADA

サイズ：35mm／上映時間：132分／企画：鍋島壽夫／製作：鍋島壽夫／プロデューサー：大林恭子／原作：西澤裕子／脚本：西澤裕子、大林宣彦（脚色）／撮影：坂本典隆／美術：竹内公一／照明：西表灯光／録音：林昌平（音響デザイン)、北村峰晴／編集：大林宣彦／音楽：學草太郎、山下康介（編曲）／出演：黒木瞳、片岡鶴太郎、椎名桔平、根岸季衣、赤座美代子、池内万作

大林宣彦／音楽：篠崎正嗣、大林宣彦／出演：風間杜夫、秋吉久美子、片岡鶴太郎（新人）、永島敏行、名取裕子、ベンガル、林泰文、桂米丸、笹野高史、奥村公延

モモとタローのかくれんぼ（瀬戸大橋博）

企画：大林恭子／プロデューサー：大林恭子／脚本：大林宣彦／撮影：小島国男、大林宣彦／美術：薩谷和夫／録音：林昌平（音響デザイン）／編集：大林宣彦／音楽：大林宣彦／出演：林泰文

1989
平成元年

北京的西瓜

サイズ：35mm／上映時間：135分／企画：川鍋大／製作：川鍋兼男、大林恭子／プロデューサー：大林恭子、森岡道夫／原作：林小利、久我山通／脚本：石松愛弘、大林宣彦（潤色）／撮影：長野重一／美術：薩谷和夫／照明：鈴木直秀／録音：林昌平（音響デザイン）、横溝正俊／編集：大林宣彦／音楽：根田哲雄／出演：ベンガル、もたいまさこ、林泰文、笹野高史、柄本明、峰岸徹、入江若葉、小林聡美

1990
平成2年

彼女が結婚しない理由（TV）

サイズ：16mm／上映時間：100分／企画：東北新社、日本テレビ／脚本：岸田理生／撮影：阪本善尚／美術：薩谷和夫／録音：林昌平（音響デザイン）／編集：大林宣彦／音楽：設楽幸嗣、大林宣彦／出演：岸恵子、石田ゆり子、永島敏行、鷲尾いさ子、松田洋治、天宮良、石田ひかり、尾美としのり

映画の肖像 メイキング・オブ・「夢」（黒澤明『夢』メイキングビデオ）

サイズ：VIDEO／上映時間：150分／企画：黒澤久雄、大林恭子／製作：黒澤プロ、PSC／プロデューサー：大林恭子／脚本：大林宣彦／撮影：今関あきよし、大林千茱萸、大林宣彦／録音：林昌平（音響デザイン）／編集：大林宣彦／出演：黒澤明、本多猪四郎

1991
平成3年

ふたり

サイズ：35mm／上映時間：150分／企画：大林恭子、中村季恵／製作：川島国良、大林恭子、田沼修二／プロデューサー：大林恭子、太田智朗、小出賀津美／原作：赤川次郎／脚本：桂千穂、大林宣彦（潤色）／撮影：長野重一／美術：薩谷和夫／照明：島田忠昭／録音：林昌平（音響デザイン）、横溝正俊／編集：大林宣彦、戸嶋志津子／音楽：久石譲、（主題歌作詞）大林宣彦／出演：石田ひかり（新人）、中嶋朋子、富司純子、岸部一徳、柴山智加（新人）、中江有里（新人）、島崎和歌子（新人）、尾美としのり、大前均、入江若葉、ベンガル、林泰文、増田恵子、竹中直人、頭師佳孝、藤田弓子

1992
平成4年

青春デンデケデケデケ

サイズ：35mm／上映時間：135分／企画：大林恭子、川島国良、笹井英男／製作：川島国良、大林恭子、笹井英男／プロデューサー：大林恭子、小出賀津美、福田慶治／原作：芦原すなお／脚本：石森史郎、大林宣彦（撮影台本）／撮影：萩原憲治、岩松茂／美術：薩谷和夫／照明：小熊良洋、秋田富士夫／録音：林昌平（音響デザイン）、横溝正俊／編集：大林宣彦／音楽：久石譲／出演：林泰文、大森嘉之、浅野忠信、永堀剛敏、佐藤真一郎（新人）、柴山智加、高橋かおり、尾美としのり、岸部一徳、小林かおり、水島かおり、勝野洋、ベンガル、根岸季衣

はるか、ノスタルジィ

サイズ：35mm／上映時間：165分／企画：大林宣彦、大林恭子、山中恒／製作：川島国良、大林恭子／プロデューサー：大林恭子、小出賀津美／原作：山中恒／脚本：大林宣彦／撮影：阪本善尚／美術：薩谷和夫／照明：高野和男、中村裕樹／録音：林昌平（音響デザイン）、安藤徳哉／編集：大林宣彦／音楽：久石譲／出演：勝野洋、石田ひかり、松田洋治、尾美としのり、岸部一徳、ベンガル、小林かおり、佐野史郎

四月の魚／ポワソンダブリル

サイズ：35mm／上映時間：109分／企画：大林宣彦、出口孝臣／製作：山本久、林瑞峰、根本敏雄、高橋幸宏、大林恭子／プロデューサー：森岡道夫、大林恭子／原作：ジェームス三木／脚本：大林宣彦、内藤忠司、ジェームス三木／撮影：渡辺健治／美術：薩谷和夫／照明：川島晴雄／録音：林昌平（音響デザイン）、稲村和巳／編集：大林宣彦／音楽：高橋幸宏／出演：高橋幸宏、今日かの子（新人）、赤座美代子、丹波哲郎、泉谷しげる、入江若葉、三宅裕司、小林のり一、明日香尚、横山あきお

野ゆき山ゆき海べゆき

サイズ：35mm／上映時間：135分／企画：大林恭子／製作：波多腰晋二、溝口至、（製作指揮）佐々木史朗、大林恭子／プロデューサー：森岡道夫、横山宗喜、伊藤梅男／原作：佐藤春夫／脚本：山田信夫／撮影：阪本善尚／美術：薩谷和夫／照明：高野和男／録音：林昌平（音響デザイン）、稲村和巳／編集：大林宣彦／音楽：大林宣彦／出演：鷲尾いさ子（新人）、尾美としのり、佐藤浩市、林泰文（新人）、正力愛子（新人）、入江若葉、峰岸徹、小林稔侍、竹内力、三浦友和

1987
昭和62年

漂流教室

サイズ：35mm／上映時間：104分／企画：萕宣次、渡辺繁、木村真章／製作：高木盛久、山科誠、山下輝政、（製作指揮）中村賢一、（製作協力）大林恭子／プロデューサー：中島忠史、末吉博彦、笹島継男／原作：楳図かずお／脚本：橋本以蔵、大林宣彦、石上三登志、小倉洋二／撮影：志満義之、宝田武久、大林宣彦／美術：薩谷和夫／照明：望月英樹／録音：林昌平（音響デザイン）、稲村和巳／編集：大林宣彦、小川信夫／音楽：久石譲、大林宣彦（挿入曲）／出演：林泰文、浅野愛子（新人）、尾美としのり、三田佳子、小林稔侍、トロイ・ドナヒュー、原田貴和子、南果歩、高橋悦史、オーラ・ラニ、根岸季衣、鶴田忍、北詰友樹

夢の花・大連幻視行（尾道大連友港博）

サイズ：VIDEO／上映時間：30分／企画：大林恭子／製作：大林恭子／プロデューサー：大林恭子／脚本：大林宣彦、山名兌二／撮影：大林宣彦／美術：薩谷和夫／録音：林昌平（音響デザイン）／編集：大林宣彦／音楽：KAN／出演：原田貴和子、浅野愛子

1988
昭和63年

日本殉情伝　おかしなふたり
～ものくるほしきひとびとの群　夕子悲しむ

サイズ：35mm／上映時間：108分／企画：山本又一郎、大林宣彦／製作：山本又一郎／プロデューサー：阿部信雄、大林恭子／原作：やまさき十三、さだやす圭／脚本：剣持亘、小倉洋二、薩谷和夫、大林宣彦／撮影：長野重一／美術：薩谷和夫／照明：望月英樹／録音：林昌平（音響デザイン）、稲村和巳／編集：大林宣彦／音楽：KAN／出演：竹内力、三浦友和、永島敏行、南果歩、尾美としのり、峰岸徹、坊屋三郎、水島道太郎

私の心はパパのもの（TV）

サイズ：16mm／上映時間：95分／企画：山口剛／脚本：岸田理生／撮影：池田伝一／美術：薩谷和夫／録音：林昌平（音響デザイン）／編集：大林宣彦／出演：斉藤由貴、愛川欽也、尾美としのり、根岸季衣、入江若葉、峰岸徹

異人たちとの夏

サイズ：35mm／上映時間：110分／製作：杉崎重美／プロデューサー：樋口清／原作：山田太一／脚本：市川森一／撮影：阪本善尚／美術：薩谷和夫／照明：佐久間丈彦／録音：林昌平（音響デザイン）、島田満／編集：太田和夫、

デザイン)、磯崎倉之介/編集:大林宣彦/音楽:三枝成章、大林宣彦(作曲)/出演:入江たか子、入江若葉、柄本明、佐藤允、大泉滉、内藤陳、風吹ジュン、峰岸徹、坊屋三郎、平田昭彦

恋人よわれに帰れLOVE COMEBACK TO ME (TV)

サイズ:VIDEO/上映時間:120分/企画:太陽企画/製作:太陽企画/プロデューサー:太陽企画/撮影:池田伝一/録音:林昌平(音響デザイン)/編集:大林宣彦/出演:沢田研二、大竹しのぶ、泉谷しげる、トロイ・ドナヒュー

1984
昭和59年

少年ケニヤ

サイズ:35㎜/上映時間:109分/企画:角川春樹/製作:角川春樹、今田智憲/プロデューサー:田宮武/原作:山川惣治/脚本:桂千穂、内藤誠、剣持亘/撮影:(実写)阪本善尚/美術:田中資幸、(実写)薩谷和夫/録音:林昌平(音響デザイン)、波多野勲/編集:花井正明、大林宣彦/音楽:宇崎竜童/出演:(声)高柳良一、原田知世、(共同監督)今沢哲男

天国にいちばん近い島

サイズ:35㎜/上映時間:102分/企画:角川春樹/製作:角川春樹、(製作協力)PSC/プロデューサー:坂上順、菅原比呂志、大林恭子(製作協力)/原作:森村桂/脚本:剣持亘、桂千穂、内藤誠、大林宣彦(潤色)/撮影:阪本善尚/美術:薩谷和夫/照明:渡辺昭夫/録音:林昌平(音響デザイン)、宮内栄一/編集:大林宣彦/音楽:朝川朋之/出演:原田知世、高柳良一、乙羽信子、峰岸徹、高橋幸宏、泉谷しげる、小林稔侍、赤座美代子、松尾嘉代、入江若葉

1985
昭和60年

さびしんぼう

サイズ:35㎜/上映時間:112分/企画:大林恭子、小倉斉、出口孝臣/製作:小倉斉、出口孝臣、(製作協力)根本敏雄、山本久、PSC/プロデューサー:森岡道夫、九里耕介、大林恭子/原作:山中恒/脚本:剣持亘、内藤忠司、大林宣彦/撮影:阪本善尚/美術:薩谷和夫/照明:渡辺昭夫/録音:林昌平(音響デザイン)、稲村和巳/編集:大林宣彦/音楽:宮崎尚志/出演:富田靖子、尾美としのり、藤田弓子、小林稔侍、林優枝、岸部一徳、入江若葉、小林聡美、柿崎澄子、佐藤允

姉妹坂

サイズ:35㎜/上映時間:100分/製作:小倉斉/原作:大山和栄/脚本:関本郁夫、桂木薫/撮影:宝田武久/美術:薩谷和夫/照明:望月英樹/録音:宮内一男/編集:小川信夫、大林宣彦/音楽:宮崎尚志/出演:紺野美沙子、浅野温子、沢口靖子、富田靖子、尾美としのり、藤田弓子、佐藤允、宮川一朗太、竹脇無我、宇野重吉

多様な国土(科学万博つくば'85)

サイズ:70㎜/上映時間:15分/企画:石上三登志/脚本:大林宣彦、石上三登志/撮影:池田伝一/録音:林昌平(音響デザイン)、編集:大林宣彦/音楽:冨田勲

1986
昭和61年

彼のオートバイ、彼女の島

サイズ:35㎜/上映時間:90分/企画:角川春樹/製作:角川春樹、(製作協力)PSC/プロデューサー:森岡道夫、大林恭子/原作:片岡義男/脚本:関本郁夫、大林宣彦(潤色)/撮影:阪本善尚/美術:薩谷和夫/照明:高野和男/録音:林昌平(音響デザイン)、稲村和巳/編集:大林宣彦/音楽:宮崎尚志/出演:原田貴和子(新人)、渡辺典子、竹内力(新人)、三浦友和、泉谷しげる、高柳良一

いい旅チャレンジ20,000km／清水港線　旅の表情（TV）
サイズ：16mm／上映時間：30分／脚本：大林宣彦／撮影：池田伝一／録音：林昌平／編集：大林宣彦／出演：三留まゆみ

いい旅チャレンジ20,000km／阿仁合線　野の音（TV）
サイズ：16mm／上映時間：30分／脚本：大林宣彦／録音：林昌平／編集：大林宣彦

いい旅チャレンジ20,000km／御殿場線　アメリカンパイ（TV）
サイズ：16mm／上映時間：30分／脚本：大林宣彦／撮影：池田伝一／録音：林昌平／編集：大林宣彦／音楽：大林宣彦／出演：尾崎紀世彦

1981
昭和56年

ねらわれた学園
サイズ:35mm／上映時間:90分／企画:角川春樹、オフィス・ヘンミ（製作協力）／製作：角川春樹／プロデューサー：逸見稔、稲葉清治／原作：眉村卓／脚本：葉村彰子、大林宣彦（潤色）／撮影：阪本善尚／美術：薩谷和夫／照明：渡辺昭夫／録音:林昌平（音響デザイン）、宮内栄一／編集:大林宣彦／音楽：松任谷正隆、松任谷由実（主題歌）／出演:薬師丸ひろ子、高柳良一（新人）、中川勝彦（新人）、手塚眞、三留まゆみ、大林千茱萸、高橋克典、水島かおり、ハナ肇、長谷川真砂美、千石規子、赤座美代子

1982
昭和57年

転校生
サイズ:35mm／上映時間:112分／企画:大林恭子、剣持亘／製作:（製作総指揮）佐々木史朗、（製作協力）PSC／プロデューサー：森岡道夫、大林恭子、多賀祥介／原作：山中恒／脚本：剣持亘、大林宣彦（潤色）／撮影：阪本善尚／美術：薩谷和夫／照明：渡辺昭夫／録音：林昌平（音響デザイン）、稲村和巳／編集：大林宣彦／音楽：大林宣彦（選曲）／出演：尾美としのり、小林聡美（新人）、樹木希林、入江若葉、宍戸錠、佐藤允、林優枝、柿崎澄子

可愛い悪魔（TV）
サイズ：16mm／上映時間：93分／企画：小坂敬、山本時雄／製作：円谷プロ／プロデューサー：山口剛、宍倉徳子／脚本：那須真知子／撮影：長野重一／美術：山口修／照明：高野和男／録音：磯崎倉之介／編集：武田うめ、大林宣彦／音楽：大森敏之／出演：秋吉久美子、渡辺裕之、赤座美代子

1983
昭和58年

時をかける少女
サイズ：35mm／上映時間：104分／企画：角川春樹／製作：角川春樹／プロデューサー:山田順彦、大林恭子／原作:筒井康隆／脚本:剣持亘、大林宣彦（潤色）／撮影：阪本善尚／美術：薩谷和夫／照明：渡辺昭夫／録音：林昌平（音響デザイン）、稲村和巳／編集:大林宣彦／音楽:松任谷正隆、松任谷由実（主題歌）／出演:原田知世（新人）、高柳良一、尾美としのり、林優枝、岸部一徳、入江若葉

廃市
サイズ:16mm／上映時間:106分／企画:大林宣彦、内藤誠、桂千穂／製作:佐々木史朗、大林恭子、島田親一／プロデューサー：大林恭子、森岡道夫、多賀祥介／原作：福永武彦／脚本：内藤誠、桂千穂／撮影：阪本善尚／美術：薩谷和夫／照明：渡辺昭夫／録音：林昌平（音響デザイン）、稲村和巳／編集：大林宣彦／音楽：大林宣彦、宮崎尚志（編曲）／出演：小林聡美、山下規介（新人）、根岸季衣、入江若葉、入江たか子、尾美としのり、峰岸徹

麗猫伝説（TV）
サイズ：16mm／上映時間：93分／企画：大林宣彦、山口剛／製作：小坂敬、山本時雄／プロデューサー:山口剛、宍倉徳子／原作:（原案）大林宣彦／脚本：桂千穂、大林宣彦／撮影：阪本善尚／照明：高野和男／録音：林昌平（音響

ハッピー・ダイナノサウルス・アルバム
サイズ:16mm/上映時間:15分/企画:大林宣彦/製作:大林恭子/プロデューサー:大林恭子/脚本:大林宣彦/撮影:大林宣彦

1977
昭和52年

HOUSE/ハウス
サイズ:35mm/上映時間:88分/企画:大林宣彦/製作:大林宣彦、東宝映像、(製作協力)PSC/プロデューサー:山田順彦(東宝)、大林恭子(PSC)/原作:(原案)大林千茱萸/脚本:桂千穂/撮影:阪本善尚/美術:薩谷和夫/照明:小島真二/録音:林昌平(音響デザイン)/編集:小川信夫、大林宣彦/音楽:小林亜星、ゴダイゴ/出演:南田洋子、池上季実子、松原愛(新人)、佐藤美恵子(新人)、田中エリ子(新人)、宮子昌代(新人)、大場久美子(新人)、尾崎紀世彦、神保美喜、鰐淵晴子

瞳の中の訪問者
サイズ:35mm/上映時間:100分/企画:笹井英男/製作:堀威夫/プロデューサー:笹井英男/原作:手塚治虫/脚本:ジェームス三木、大林宣彦(撮影台本)/撮影:阪本善尚/美術:佐谷晃能/照明:新川真/録音:高橋三郎/編集:鍋島惇、大林宣彦/音楽:宮崎尚志/出演:片平なぎさ(新人)、山本伸吾(新人)、志穂美悦子、峰岸徹、月丘夢路、ハニー・レイヌ(新人)、長門裕之、木下桂子、宍戸錠、千葉真一

1978
昭和53年

ふりむけば愛
サイズ:35mm/上映時間:92分/企画:笹井英男/製作:堀威夫、笹井英男/プロデューサー:笹井英男、金沢博/原作:(原案)ジェームス三木/脚本:ジェームス三木/撮影:萩原憲治/美術:佐谷晃能/照明:川島晴雄/録音:高橋三郎/編集:鍋島惇、大林宣彦/音楽:宮崎尚志、小椋佳(主題曲)/出演:山口百恵、三浦友和、奈良岡朋子、森次晃嗣、南田洋子、岡田英次、玉川伊佐男、高橋昌也、名倉良、藤木啓士

ピンク・レディー・コンサート(短編)
撮影:池田伝一/録音:林昌平/編集:大林宣彦/出演:ピンク・レディー

1979
昭和54年

金田一耕助の冒険
上映時間:113分/企画:角川春樹/製作:角川春樹/プロデューサー:元村武/原作:横溝正史/脚本:斉藤耕一、中野顕彰、大林宣彦(潤色)/撮影:木村大作/美術:薩谷和夫/録音:富永晋/編集:井上親弥、大林宣彦/音楽:小林克己/出演:古谷一行、田中邦衛、仲谷昇、樹木希林、熊谷(現・松田)美由紀(新人)、吉田日出子、江木俊夫、坂上二郎

1979
昭和54年

木枯し紋次郎(TV/オープニングタイトルのみ)
サイズ:16mm/上映時間:2分/企画:中村敦夫/脚本:大林宣彦/撮影:池田伝一/録音:林昌平/編集:大林宣彦/出演:中村敦夫

1980
昭和55年

さよならロッキーの仲間たち(日本版)
サイズ:35mm/上映時間:70分/企画:林昌平/プロデューサー:林昌平/撮影:阪本善尚(実景)/録音:林昌平/編集:大林宣彦(日本版)/音楽:大林宣彦(日本版作詞)

人はそれをスキャンダルという(TV第1話)
サイズ:16mm/上映時間:2分/製作:大映テレビ/脚本:大林宣彦/撮影:池田伝一/録音:林昌平/編集:大林宣彦/出演:山口百恵、亜湖

1963 昭和38年

尾道
サイズ：8㎜／上映時間：17分／企画：大林宣彦、大林恭子／製作：大林恭子／プロデューサー：大林恭子／撮影：大林宣彦／編集：大林宣彦／音楽：リスト／出演：大林恭子

喰べた人
サイズ：16㎜／上映時間：23分／企画：藤野一友、大林宣彦／製作：藤野一友／プロデューサー：藤野一友、大林恭子／脚本：藤野一友、大林宣彦／撮影：大林宣彦／美術：藤野一友／照明：大林宣彦／編集：大林宣彦／出演：松下砂稚子、岸田森（新人）、草野大吾（新人）、寺沢正

1964 昭和39年

complexe ＝微熱の玻璃あるいは悲しい饒舌ワルツに乗って葬列の散歩道
サイズ：16㎜／上映時間：14分／企画：大林宣彦、大林恭子／製作：大林恭子／プロデューサー：大林恭子／脚本：大林宣彦／撮影：大林宣彦／美術：大林恭子／照明：大林恭子／編集：大林宣彦／音楽：バッハ／出演：岡美行、立川多美子（新人）、大林恭子

1967 昭和42年

ÉMOTION ＝伝説の午後・いつか見たドラキュラ
サイズ：16㎜／上映時間：38分／企画：大林宣彦、大林恭子／製作：大林恭子／プロデューサー：大林恭子／脚本：大林宣彦、大林恭子（羽生恭子）／撮影：小谷映一、大林宣彦／美術：大林恭子／編集：大林宣彦／音楽：宮崎尚志／出演：田端エミ（新人）、赤坂サリ（新人）、町田圭子、石崎仁一、喜多村寿信

1968 昭和43年

CONFESSION ＝遥かなるあこがれ　ギロチン恋の旅
サイズ：16㎜／上映時間：70分／企画：大林宣彦、大林恭子／製作：大林恭子／プロデューサー：大林恭子／脚本：大林宣彦／撮影：青柳正司、大林宣彦／美術：大林恭子／編集：大林宣彦／音楽：宮崎尚志／出演：山﨑草介（新人）、萩原賢一（新人）、岡本ちか子（新人）、姿みゆき（新人）

1969 昭和44年

てのひらの中で乾杯／キリンビールのできるまで（短編PR用）
サイズ：16㎜／上映時間：25分／企画：キリンビール／製作：キリンビール／プロデューサー：大林恭子／脚本：大林宣彦、山名兌二／撮影：長野重一／編集：大林宣彦／音楽：宮崎尚志／出演：木下桂子（新人）

1970 昭和45年

海の記憶＝さびしんぼう・序
サイズ:16㎜／上映時間:20分／企画:大林宣彦／製作:大林恭子／プロデューサー：大林恭子／脚本：大林宣彦／撮影：大林宣彦／編集：大林宣彦

1971 昭和46年

オレレ・オララ
サイズ：16㎜／上映時間：20分／企画：鶴本正三／製作：マッド・アマノ／プロデューサー：大林恭子／原作：篠山紀信／脚本：大林宣彦／撮影：篠山紀信／録音：林昌平／編集：大林宣彦／出演：篠山紀信

ジェルミ・イン・リオ
サイズ：16㎜／企画：鶴本正三／製作：マッド・アマノ／プロデューサー：大林恭子／脚本：大林宣彦／撮影：大林宣彦／録音：林昌平／編集：大林宣彦／出演：篠山紀信

1972 昭和47年

スタンピード・カントリー
サイズ：16㎜／上映時間：35分／企画：鶴本正三／製作：マッド・アマノ／プロデューサー：大林恭子／脚本：大林宣彦／撮影：大林宣彦／録音：林昌平／編集：大林宣彦／音楽：大林宣彦

大林宣彦「フィルモグラフィー」1944〜2020

1944
昭和19年

ポパイの宝島

サイズ：35㎜／上映時間：1分／手描きアニメーション

1945
昭和20年

マヌケ先生

サイズ：35㎜／上映時間：3分／手描きアニメーション

1952
昭和27年

キングコング

サイズ：35㎜／上映時間：2分／人形アニメーション

1957
昭和32年

青春・雲

サイズ：8㎜／上映時間：30分／企画：大林宣彦、有若達郎／製作：大林宣彦／原作：福永武彦の詩・他／脚本：大林宣彦／撮影：大林宣彦／録音：有若達郎／編集：大林宣彦／音楽：大林宣彦／出演：有若達郎

だんだんこ

サイズ：8㎜／上映時間：11分／企画：平田穂生／製作：平田穂生、大林恭子／プロデューサー：平田穂生、大林恭子／脚本：平田穂生、大林宣彦／撮影：大林宣彦／録音：林昌平（1960バージョン）／編集：大林宣彦／音楽：大林宣彦（1960バージョン）／出演：平田いなみ

眠りの記憶

サイズ：8㎜／上映時間：30分／企画：大林宣彦、大林恭子／製作：大林恭子／プロデューサー：大林恭子（羽生恭子）／脚本：大林宣彦／撮影：大林宣彦／美術：大林恭子／録音：大林恭子／編集：大林宣彦／音楽：大林宣彦／出演：岡美行、大林恭子（羽生恭子）

1958
昭和33年

絵のなかの少女

サイズ：8㎜／上映時間：30分／企画：大林宣彦／製作：大林恭子／プロデューサー：大林恭子（羽生恭子）／脚本：大林宣彦／撮影：大林宣彦／美術：大林恭子／録音：大林恭子／編集：大林宣彦／音楽：大林宣彦／出演：中島忠彦、大林恭子（羽生恭子）、大林宣彦

1960
昭和35年

木曜日

サイズ：8㎜／上映時間：18分／企画：大林宣彦、大林恭子／製作：大林恭子／プロデューサー：大林恭子（羽生恭子）／脚本：大林宣彦／撮影：大林宣彦／美術：大林恭子／録音：大林恭子／編集：大林宣彦／出演：住吉正博、竹村紀子

1961
昭和36年

中山道

サイズ：8㎜／上映時間：16分／企画：大林宣彦、大林恭子、野島晋／製作：大林恭子／プロデューサー：大林恭子／撮影：大林宣彦／録音：大林恭子／編集：大林宣彦／音楽：大林宣彦

1962
昭和37年

T氏の午後

サイズ：8㎜／上映時間：25分／企画：大林宣彦／製作：大林恭子／プロデューサー：大林恭子／撮影：大林宣彦／編集：大林宣彦／音楽：大林宣彦／出演：高林陽一

形見

サイズ：8㎜／上映時間：17分／企画：大林宣彦、大林恭子／製作：大林恭子／プロデューサー：大林恭子／脚本：大林宣彦／撮影：大林宣彦／美術：大林恭子／録音：大林恭子／編集：大林宣彦／出演：浅野英子（新人）、野島晋

本書の第一章〜第三章は、一九九二年に実業之日本社より刊行された大林宣彦著『仕事——発見シリーズ㉖　映画監督』を大幅に加筆修正したものです。第四章以降は、単行本のための書き下ろしです。文庫化にあたり、一部修正を加えました。

単行本　二〇〇八年十月　実業之日本社刊

〔著者紹介〕

大林宣彦（おおばやし・のぶひこ）

映画作家。1938年広島県尾道市生まれ。３歳の時に自宅の納戸で出合った活動写真機で、個人映画の製作を始める。上京後、16㎜フィルムによる自主製作映画『ÈMOTION＝伝説の午後・いつか見たドラキュラ』（67）が、画廊・ホール・大学を中心に上映されジャーナリズムで高い評価を得る。『喰べた人』（63）はベルギー国際実験映画祭で審査員特別賞を受賞。この頃からテレビコマーシャルの草創期に本格的に関わり始め、チャールズ・ブロンソンの「マンダム」、ソフィア・ローレン、カトリーヌ・ドヌーヴなど外国人スターを多数起用、その数は3000本を超える。

1977年『ＨＯＵＳＥ／ハウス』で商業映画にも進出。同年の『瞳の中の訪問者』と共にブルーリボン新人賞を受賞。故郷で撮影された『転校生』(82)『時をかける少女』（83）『さびしんぼう』（85）は“尾道三部作”と称され親しまれている。『異人たちとの夏』（88）で毎日映画コンクール監督賞、『北京的西瓜』（89）で山路ふみ子監督賞、『ふたり』（91）でアメリカ・ファンタスティックサターン賞、『青春デンデケデケデケ』（92）で平成４年度文化庁優秀映画作品賞、『ＳＡＤＡ』（98）でベルリン国際映画祭国際批評家連盟賞、宮部みゆき原作『理由』（04）で日本映画批評家大賞・監督賞、藤本賞奨励賞を受賞。東日本大震災を受けた『この空の花－長岡花火物語』(12)ではTAMA映画賞・最優秀作品賞ほか多くの賞を受賞。近年の作品に、少年少女版『この空の花～』として製作されたAKB48のPV『So long！THE MOVIE』（13）、北海道芦別市を舞台にしたふるさと映画『野のなななのか』（14）等がある。『この空の花～』『野のなななのか』に続く『花筐／HANAGATAMI』（17）は、余命宣告を受けながら完成させた大林宣彦的“戦争三部作”となる。『花筐／HANAGATAMI』では、キネマ旬報監督賞、毎日映画コンクール日本映画大賞、日本映画ペンクラブ賞、シネマ夢倶楽部ベストシネマ賞、日本映画復興賞「日本映画平和賞」、日本映画プロフェッショナル大賞特別功労賞を受賞。

著書に、第21回日本文芸大賞・特別賞受賞の『日日世は好日』（たちばな出版）をはじめ、『人生には好きなことをする時間しかない』(PHP研究所)、『ぼくの瀬戸内海案内』（岩波ジュニア新書）、『なぜ若者は老人に席を譲らなくなったのか』（幻冬舎新書）、『最後の講義　完全版』（主婦の友社）、『キネマの玉手箱』（ユニコ舎）など多数。尚美学園大学大学院教授、倉敷芸術科学大学客員教授、長岡造形大学客員教授を歴任。また北海道芦別市で毎年開催される【星の降る里・芦別映画学校】の校長を20年間務めた。

2004年春の紫綬褒章受章、2009年秋の旭日小綬章を受章。2019年文化功労者を顕彰された。2020年4月10日、82歳で死去。旭日中綬章、従四位を受領。同年7月、『海辺の映画館―キネマの玉手箱』が公開となる。

執筆協力　内田宗治
編集協力　永嶋はずき、小中明子（PSC）
写真提供　PSC
扉カット　和田　誠

実業之日本社文庫 お101

ぼくの映画人生《えいがじんせい》

2020年7月25日　初版第1刷発行
2020年8月1日　初版第2刷発行

著　者　大林宣彦《おおばやしのぶひこ》

発行者　岩野裕一
発行所　株式会社実業之日本社
〒107-0062　東京都港区南青山5-4-30
CoSTUME NATIONAL Aoyama Complex 2F
電話［編集］03(6809)0473［販売］03(6809)0495
ホームページ　https://www.j-n.co.jp/
DTP　千秋社
印刷所　大日本印刷株式会社
製本所　大日本印刷株式会社

フォーマットデザイン　鈴木正道（Suzuki Design）

ISBN978-4-408-55603-1（第二文芸）